:Stadt :Land :Fluss

Helmut Gabel

:Stadt :Land :Fluss

Geschichten aus dem Rheinland

Ein Buch zum 100-jährigen Bestehen des
Zweckverbands für die Kreissparkasse Köln

GREVEN VERLAG KÖLN

19
23
20
23

„Über den Rheinstrom hinweg“

Der Zweckverband und seine Kreissparkasse

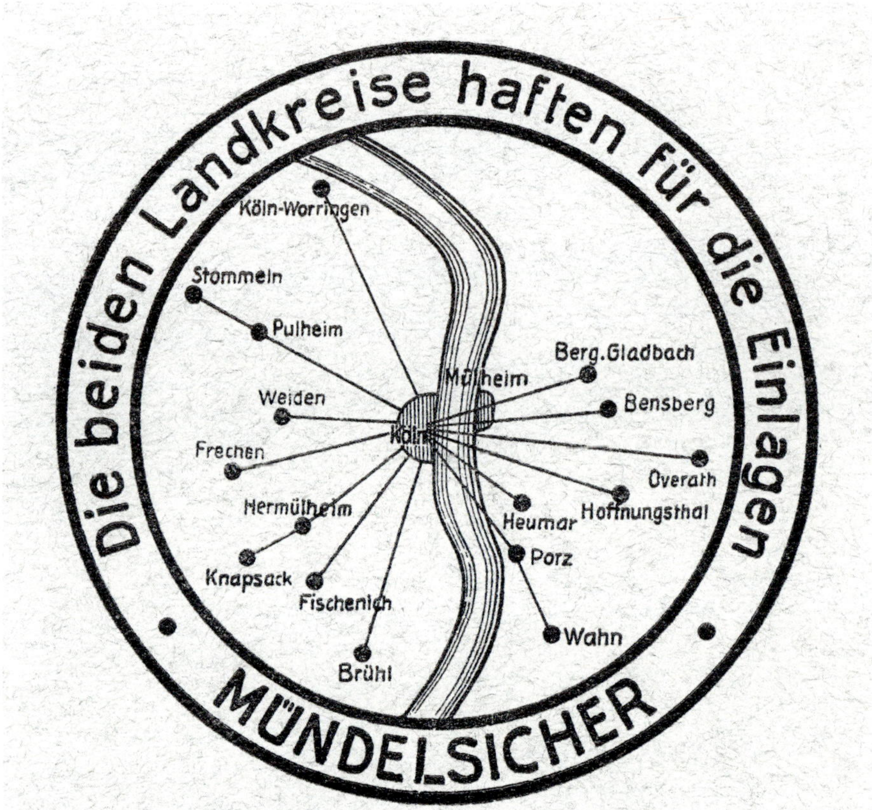

„Hundert Johr lang nur verachtet, nur verspottet, usjelaach", heißt es in einem Lied der Bläck Föss über die Schäl Sick. Gemeint sind damit Kölner Stadtteile wie Deutz, Kalk oder Mülheim, die auf der „falschen Seite" des Rheins liegen. Im weiteren Sinne sind damit ganz generell Orte im Rechtsrheinischen gemeint, also auch Bergisch Gladbach, Leverkusen oder gar Düsseldorf. Linksrheinische Kölner verwenden den Ausdruck Schäl Sick gerne als scherzhaftes bis boshaftes Mittel der Abgrenzung.

Die Herkunft dieses Begriffs ist umstritten. Historiker und Volkskundler verweisen darauf, dass der Rhein in der Römerzeit und im frühen Mittelalter eine kulturelle und politische Trennlinie markierte. Dass diese bis in die jüngste Vergangenheit nachwirkte, beweisen unter anderem die früheren Kreisgrenzen in der Region. Gleichzeitig fehlte es nie an Versuchen, Brücken zwischen dem Links- und dem Rechtsrheinischen zu schlagen. Das Loblied der Bläck Fööss auf die Schäl Sick bemüht sich sozusagen mit den Mitteln kölscher Musik und Poesie um regionale Integration, indem es beteuert: „Ohne dich es Kölle nur de Hälfte wäät."

Aber auch Akteure in ganz anderen Bereichen trugen schon vor 100 Jahren dazu bei, überkommene Grenzen zu überwinden. Die Rede ist vom Sparkassenwesen im Kölner Raum. Zu Beginn der 1920er-Jahre gab es in der Region drei größere Institute: neben der 1826 als „Sparkasse zu Köln" gegründeten Stadtsparkasse waren dies die 1856 ins Leben gerufene Kreissparkasse Mülheim am Rhein und die Spar- und Darlehenskasse des Landkreises Köln von 1869.

Angesichts der Ausdehnung des Kölner Stadtgebiets auf Kosten des Umlands war in den Landkreisen Köln und Mülheim bereits zu Beginn des 20. Jahrhunderts die Vision einer „Brücke" über den Rhein lebendig – im Sinne einer verstärkten Kooperation. An die beiden Kreissparkassen als mögliches institutionelles Scharnier dachte man dabei allerdings noch nicht. Dies sollte sich nach dem Ersten Weltkrieg ändern: Wirtschaftskrise und Inflation legten eine Vereinigung der beiden Umland-Sparkassen nahe, um den ökonomischen Herausforderungen besser gewachsen zu sein.

Vereinigung mit der Schäl Sick

Am 8. März 1923 setzten die Landkreise Köln und Mülheim am Rhein diese Idee in die Tat um und gründeten einen Zweckverband mit dem Ziel, im Verbandsgebiet eine Sparkasse zu betreiben. Die Spar- und Darlehenskasse des Landkreises Köln und die Kreissparkasse Mülheim am Rhein wurden zu einem neuen leistungsfähigen Institut vereinigt – dies war die Geburtsstunde der Kreissparkasse Köln als Zweckverbandssparkasse. Diese sollte in einem vergrößerten Geschäftsgebiet durch einen effizienten Kapitalausgleich lokalen Unterschieden Rechnung tragen und eine breitere Risikostreuung ermöglichen.

Dem neuen Institut kam zugute, dass sich sein Sitz mitsamt der Hauptstelle nicht im Verbandsgebiet, sondern in Köln befand. Indem die Kreissparkasse das Potenzial der industriell aufstrebenden Trägerkreise mit dem als Markt und Kapitalquelle bedeutenden urbanen Zentrum verband, erhielten die wirtschaftlichen Stadt-Land-Beziehungen einen kräftigen Schub.

Hinter der Zweckverbandsinitiative standen jedoch nicht nur ökonomische, sondern auch regionalpolitische Motive. Zwar war nicht ausdrücklich von einem „Brückenschlag“ die Rede – und erst recht nicht von der Schäl Sick. In der Presse wurde die institutionelle Lösung jedoch teilweise euphorisch gelobt. Hervorgehoben wurde, „daß über den Rheinstrom hinweg zwei zukunftsreiche Kommunalverbände als ehrliche Partner sich die Hände entgegenstrecken zur gemeinsamen Aufbauarbeit“. Ein anderer Kommentator erkannte in der Zweckverbandsgründung und der Sparkassenfusion einen deutlichen „Zug zur Gemeinschaftlichkeit“. Dieser führe die Gemeinden der beiden Kreise zusammen „in dem Bewußtsein, daß ein von kleinlichem Kirchtumsgeist getriebener Partikularismus [...] schon aus Gründen einfachster Lebensnotwendigkeiten nicht angebracht“ sei.

Ausdehnung in der Region

Auch in den folgenden Jahrzehnten setzten sich ökonomische Weitsicht und Kooperationswilligkeit durch. Durch die Zweckverbandssparkasse hatte das Kölner Umland ein Gravitationszentrum erhalten, dessen Einfluss sich immer weiter ausdehnte. Zum einen veränderte sich der räumliche Zuschnitt des Zweckverbands beträchtlich: Ab den frühen 1930er-Jahren wurde er für mehr als vier Jahrzehnte von den Landkreisen Köln, Rheinisch-Bergischer Kreis und Bergheim gebildet. Nach diversen Änderungen aufgrund kommunaler Gebietsreformen in den 1970er-Jahren besteht er heute aus dem Rhein-Erft-Kreis, dem Rheinisch-Bergischen Kreis, dem Oberbergischen Kreis und dem Rhein-Sieg-Kreis. Damit ist der Zweckverband mehr denn je ein verbindendes Element zwischen den beiden Rheinseiten.

Für die Kreissparkasse Köln waren die Erweiterungen des Verbandsgebiets stets mit Fusionen verbunden. Seit ihrer Gründung als Zweckverbandssparkasse 1923 sind zahlreiche Kreis-, Stadt- und Gemeindesparkassen in ihr aufgegangen. Beträchtlich war der Zuwachs der Kreissparkasse Köln seit den 1990er-Jahren im rechtsrheinischen Verbandsgebiet, wo sich lange Zeit eine durch kleinere Institute geprägte Sparkassenlandschaft erhielt. Aus dem Rheinisch-Bergischen Kreis wurden die Stadtsparkassen Burscheid (1996) und Leichlingen (2002) aufgenommen, aus dem Rhein-Sieg-Kreis die Sparkasse Hennef (2006) und die Stadtsparkasse Bad Honnef (2019). Als herausragendes Beispiel aus jüngerer Zeit sei die Vereinigung mit der Siegburger Kreissparkasse im Jahr 2003 genannt – ein von der Öffentlichkeit im Rhein-Sieg-Kreis intensiv verfolgtes Großprojekt, das dazu führte, dass die Belegschaft der Kreissparkasse Köln von etwa 2700 Beschäftigten auf fast 4100 anwuchs und sich die Bilanzsumme um rund 5 Milliarden Euro auf knapp 21 Milliarden Euro erhöhte.

Für das weitgehend dezentral organisierte Geschäft der Kreissparkasse Köln bedeutete dies, dass sich die maßgeblichen regionalen Gewichte innerhalb des Verbandsgebiets verschoben: Das regionale Profil der Sparkasse, das lange Zeit von der Wirtschaftsstärke des Rhein-Erft-Kreises bzw. seiner Vorgänger geprägt war, wurde nun tendenziell „bergischer" und „südrheinischer". Dies gilt nicht nur für die Anteile an der Geschäftsentwicklung, sondern auch in landschaftlicher Hinsicht: So manche Tristesse, die der Tagebau im topografisch ohnehin nicht begünstigten Rhein-Erft-Kreis hinterließ, wird ausgeglichen durch landschaftliche Highlights im östlichen und vor allem im südlichen Verbandsgebiet.

Kollektiver „Erinnerungsraum"

Das Gebiet des Zweckverbands der Kreissparkasse Köln ist in die Kulturlandschaft des südlichen Rheinlands eingebettet, die über eine abwechslungsreiche Geografie und ein bedeutendes historisches Erbe verfügt. Für die Menschen, die hier leben, ist diese Kultur- und Geschichtslandschaft nicht nur ein Wohn-, Arbeits- und Handlungsraum, sondern zugleich auch ein biografischer Erinnerungsraum. Zwar beziehen sich Erinnerungen zumeist auf die eigene Lebens- und Erfahrungswelt, doch stehen sie oft auch in Verbindung mit der Region, lassen deren Besonderheit und Unverwechselbarkeit hervortreten und wirken verbindend, weil sie von vielen geteilt werden.

So stellte Alexander Wüerst, Vorsitzender des Vorstands der Kreissparkasse Köln, in einem Gespräch über den Stellenwert von Regionalität fest: „Es gibt viele Dinge, die eine Region kennzeichnen und uns in ihr heimisch werden lassen. Dinge, die uns oft von Kindheit an vertraut sind, die wir mit den Sinnen erfahren können und die in gemeinsamen Erinnerungen fortleben. Zum Beispiel die Landschaft, bemerkenswerte Bauwerke, ein bestimmter Dialekt oder unverwechselbare musikalische Klänge. Auch denkwürdige, oft tief im Gedächtnis der Region verankerte Ereignisse gehören dazu."

Das vorliegende Buch, das aus Anlass des 100-jährigen Bestehens des Zweckverbands entstand, ruft eine Vielzahl von Ereignissen, Entwicklungen und Personen in Erinnerung, die sich in das Gedächtnis der Region eingeprägt haben – manche tief, andere nur lose. Vorgestellt werden freudige, ernste, erstaunliche und kuriose Geschichten aus Politik, Wirtschaft, Kultur, Sport, Technik und Umwelt, die sich seit 1923 zugetragen haben. Teil der Chronik sind auch Unglücksfälle und Katastrophen. Ihre Tragik und erinnerungsprägende Wucht auszusparen hieße die Realität zu verkennen. Gleichwohl schmerzt es, dass der Rückblick auf die vergangenen 100 Jahre mit zwei sehr belastenden Ereignissen endet – der Flutkatastrophe, die sich in Erftstadt und andernorts im Sommer 2021 ereignete, sowie dem russischen Angriff auf die Ukraine am 24. Februar 2022. Beide Ereignisse haben zugleich aber auch Wellen der Hilfsbereitschaft ausgelöst.

Indem dieses Buch auf das kollektive Gedächtnis der Region verweist, möchte es dazu beitragen, sie als Einheit und Heimat in ihrer lokalen Vielfalt zu entdecken und sichtbar zu machen. Neben den vier Kreisen im Umland Kölns zählt auch die Domstadt zu diesem Raum, dessen „Regionalität" ganz wesentlich davon geprägt wurde, dass der Zweckverband und die von ihm getragene Sparkasse in den 100 Jahren ihres Wirkens als institutionelle Scharniere wirkten.

„Brücke" über den Rhein

Angesichts von Pandemie, Ukraine-Krieg, Inflation, Klima- und Energiekrise bietet immerhin die Geschichte des Zweckverbands Grund zur Zuversicht – ist es ihm und seiner Sparkasse seit 1923 doch mehrfach gelungen, extreme Krisen zu meistern. Die intensive kommunale Zusammenarbeit hat sich ebenso bewährt wie das Denken und Handeln in regionalen Zusammenhängen unter Beachtung lokaler Unterschiede. Zum Erfolgsrezept gehört auch die Überwindung von mentaler Ab- und Ausgrenzung, die in Begriffen wie Schäl Sick zum Ausdruck kommt. In diesem Sinne fungieren die Sparkasse und ihr Träger seit 1923 als räumlich integrierende „Brücke" über den Rhein. Der einstige Grenzfluss wird heute mehr denn je als gemeinsame Lebensader der Region angesehen.

Die Akteure im Rhein-Erft-Kreis, Rheinisch-Bergischen Kreis, Oberbergischen Kreis und Rhein-Sieg-Kreis profitieren nicht nur vom Erfahrungsaustausch untereinander. Der Zweckverband koordiniert und bündelt auch deren berechtigte Interessen und vertritt diese gegenüber den urbanen Zentren Köln und Bonn. Die selbstbewusste Positionierung der Kreise bedeutet jedoch nicht, dass die Interessen der Städte und des Umlands prinzipiell gegensätzlich wären. Die Prosperität des Umlands hängt vielmehr stark von der Wirtschaftskraft und Attraktivität der Rheinmetropolen ab. Diese sind ihrerseits auf die Region angewiesen: Ob Wohnraum, Gewerbeflächen, Arbeitsplätze oder Naherholung – die Kreise stabilisieren die städtischen Zentren.

Diese enge Verbindung gilt nicht zuletzt für Köln und die Kreissparkasse: Obwohl die Stadt außerhalb des Verbandsgebiets liegt, zählt sie aus historischen Gründen dennoch zum Geschäftsgebiet. Die Kreissparkasse Köln hat deshalb bis heute ein doppeltes Selbstverständnis: Sie ist einerseits ein „kölsches" Institut, das sich in vielfältiger Weise in der Stadt engagiert, und andererseits eine regional orientierte Sparkasse des Umlands. Damit steht sie noch immer für den „Zug zur Gemeinschaftlichkeit", der die Gründung des Zweckverbands 1923 kennzeichnete.

Kölner plündern das Bergische

Der „Overather Kartoffelkrieg“

19
23

Der große Zuspruch, der die Zweckverbandsgründung im Jahr 1923 begleitete, kam nicht von ungefähr – war dies doch ein Lichtblick in einer krisengeschüttelten Zeit. Die Inflation hatte ungeahnte Ausmaße erreicht, weil der Staat völlig überschuldet war. Die enormen Kosten des Ersten Weltkriegs schlugen zu Buche, und die Siegermächte verlangten Reparationszahlungen. Für die Bevölkerung bedeutete die Geldentwertung, dass sie sich wichtige Lebensmittel nicht mehr leisten konnte – so es sie denn überhaupt gab.

Als im Oktober 1923 ein Zentner Kartoffeln drei Milliarden Mark kostete, unternahmen hungernde Kölner Stadtbewohner Hamsterfahrten ins Bergische und machten sich dort mit Spitzhacken und Schaufeln über die Kartoffelfelder her. Auch Federvieh und Getreide zählten zum Beutegut der Plünderer. Die Situation eskalierte am 26. Oktober, als Tausende Kölner mit einem „Sonderzug zum Kartoffeleinkauf" nach Overath fuhren. Am dortigen Bahnhof kam es zu gewaltsamen Auseinandersetzungen mit den örtlichen Bauern, die weitere Plünderungen verhindern wollten.

Mindestens zwei Tote und zahlreiche Schwerverletzte waren die Folge dieses Konflikts, der damit jedoch noch nicht beendet war. Nachdem es den Kölnern am folgenden Tag gelungen war, den Bahnhof zu besetzen und mit zehn Waggons voll geraubter Kartoffeln zurückzufahren, bildete sich in Overath eine bewaffnete Bürgerwehr aus rund 1500 Mann. Sie hatte eine gewisse abschreckende Wirkung. Zu Ende war der „Kartoffelkrieg" aber erst Anfang November, als die französische Besatzungsmacht den Zugverkehr nach Overath einstellen ließ und Soldaten in dem bergischen Ort stationierte. Auch die Währungsreform im November 1923 trug zur Beruhigung und wirtschaftlichen Stabilisierung bei.

Einzug mit Hindernissen

Der Kölner Dom erhält die Petersglocke

19
24

Als die Petersglocke, im Volksmund „Decke Pitter" genannt, am 5. Mai 1923 im thüringischen Apolda gegossen wurde, ließ das die Herzen vieler Kölner höher schlagen. Sie ahnten nicht, wie viele Hindernisse noch bevorstanden, bevor die Glocke ihren Dienst im Dom aufnahm.
Als erstes erschwerten Inflation und Papiergeldentwertung ihre Finanzierung. Weil eine Bezahlung mit Notgeld nicht möglich war, spendeten wohlhabende Kölner Bürger Dollar, um in der Angelegenheit weiterzukommen. Dann verzögerte die französische Besetzung des Ruhrgebiets den Transport nach Köln, weil zu befürchten war, dass die Glocke als Reparationsgut beschlagnahmt werden könnte. Am 14. November 1924 kam sie schließlich auf einem eigens dafür konstruierten Eisenbahnwagen nach Köln. Man stellte die Glocke zunächst vor den Dom, wo sie am 30. November 1924 feierlich geweiht wurde. Weil sie mit ihrem Durchmesser von mehr als drei Metern nicht durch die Türen passte, musste der Mittelpfeiler des Hauptportals ausgebaut werden. Sie anschließend in den Glockenstuhl in 53 Metern Höhe zu hieven, dauerte mehrere Wochen. Am Heiligabend 1924 sollte der „Decke Pitter" endlich zu hören sein. Doch dann geschah ein großes Malheur: Nach langem Vorschwingen ertönten lediglich drei Schläge. Dann riss das Seil der Läutemaschine, und die Glocke verstummte. Es dauerte fast ein Jahr, bis die Reparaturen abgeschlossen waren. Erst am 28. Oktober 1925 erklang die „Glocke 1" des Kölner Domgeläuts zum ersten Mal in der erhofften Weise.
Fast 100 Jahre lang war der „Decke Pitter" mit seinen 24 Tonnen Gewicht die größte und schwerste freischwingende Glocke der Welt. Seit 2018 in Bukarest eine Glocke mit gut 25 Tonnen eingeweiht wurde, muss er sich mit dem zweiten Platz begnügen.

Marsch trifft Nerv der Zeit

„Der treue Husar" wird zum Karnevalslied

19
24

Sowohl Willy Millowitsch als auch Louis Armstrong haben es interpretiert: Das Lied „Der treue Husar", das zuweilen auch als „Nationalhymne" der Kölner bezeichnet wird, ist seit 1924 fester Bestandteil des Karnevals im Rheinland. Der Titel gehört auch zu den Melodien, die das Glockenspiel im Kölner 4711-Stammhaus stündlich im Wechsel spielt. Ursprünglich hatte das Lied jedoch weder etwas mit dem Karneval noch mit Köln zu tun. Es stammt aus dem späten 18. Jahrhundert und kam im 19. Jahrhundert aus Österreich an den Rhein. Populär wurde „Der treue Husar" erst ab 1924, als ein Kölner Musikverlag die heute verbreitete Fassung veröffentlichte.

Die von einem unbekannten Dichter verfasste sentimentale Ballade erzählt von einem jungen Soldaten, der erst zu seiner Geliebten zurückkehren kann, als diese bereits im Sterben liegt. Der traurig-schöne Text dieses frühen Antikriegslieds passte zur Stimmungslage nach dem Ersten Weltkrieg, der 1924 erst sechs Jahre zurücklag. Um im rheinischen Karneval bestehen zu können, bedurfte es jedoch einer Bearbeitung. Der Kölner Karnevalskomponist und frühere Militärkapellmeister Heinrich Frantzen (1880 – 1953) wandelte die traurige Melodie in einen Marsch um und schuf damit die heute nahezu allen Menschen im Rheinland vertraute Fassung.

Man mag einwenden, dass ein Marsch dem Liedtext, der von Trennung und Schmerz handelt, nur schwer gerecht wird. Doch haben die Kraft und Vitalität des gleichförmigen Marschrhythmus vermutlich erheblich zum Erfolg der Komposition beigetragen. Ab Mitte der 1920er-Jahre entwickelte sich das Liebes- und Antikriegslied zu einem Schlager, der unter dem Titel „The Faithful Hussar" auch im Ausland bekannt wurde. Man interpretierte ihn dort vor allem als schwermütiges Soldatenlied – gleichsam als schlichtere Variante von „Lili Marleen".

Juwel zwischen Tradition und Moderne

Schloss Homburg wird als Museum eröffnet

19
26

Trostlos war der Anblick, den Schloss Homburg im 19. und frühen 20. Jahrhundert bot. Nachdem die einst glanzvolle Residenz gräflicher Herren aus dem Haus Sayn-Wittgenstein ihre Funktion als lokales Herrschafts- und Verwaltungszentrum im Oberbergischen verloren hatte, war sie völlig verfallen. Die Wende brachte erst eine Initiative des Volksschullehrers Hermann Conrad (1889 – 1959), der in Nümbrecht tätig war. Er setzte sich in den 1920er-Jahren dafür ein, das Schloss als kulturhistorisches Museum zu nutzen, und wurde dabei vom Bergischen Geschichtsverein unterstützt. Conrad bat die Bevölkerung um Leihgaben, Schenkungen und Spenden und stieß damit auf so großes Echo, dass am 26. August 1926 ein Heimatmuseum im Schloss Homburg eröffnet werden konnte.

Weil sich das zunächst auf zwei Räume begrenzte Museum regen Zuspruchs erfreute, wurde die Ausstellungsfläche bereits Ende der 1920er-Jahre vergrößert. Nachdem der Oberbergische Kreis 1936 die Trägerschaft übernommen und Restaurierungsarbeiten eingeleitet hatte, konnte es als Museum des Oberbergischen Landes bereits ein Jahr später auf 17 Räume erweitert werden. Der Erfolg setzte sich nach dem Zweiten Weltkrieg fort. Die Sammlung umfasst inzwischen 20.000 kulturhistorische Objekte. Schloss Homburg ist heute nicht nur ein architektonisches Juwel, das Tradition und Moderne verbindet, sondern auch ein beliebtes Ausflugsziel, kultureller Mittelpunkt des Oberbergischen Landes und ein wichtiger Bezugspunkt regionaler Identität. Gemeinsam mit dem 2014 errichteten Forum wird das historische Ensemble gerne für kulturelle Veranstaltungen, Tagungen und private Feiern genutzt.

Süßes im Zeichen des Doms

Die Marke „Kölner Zucker" entsteht

19 26

Im Küchenschrank werden die wenigsten den Kölner Dom vermuten. Und doch trifft man genau dort häufig auf Verpackungen, auf denen zwei Zuckerhüte zu sehen sind, die unverkennbar auf die Silhouette der berühmten Kathedrale anspielen. Seit das Unternehmen Pfeifer & Langen das Markenzeichen „Kölner Zucker" 1926 eintragen ließ, entwickelte es sich zu einem der bekanntesten deutschen Firmenlogos.

Die Geschichte der 1870 in Köln gegründeten Firma ist ohne das Umland nicht denkbar – denn dort wuchsen die Zuckerrüben. Von Anfang an stand fest, dass die Zuckerherstellung dort stattfinden sollte, wo der Weg vom Feld zur Fabrik nicht weit war. Die ersten Zuckerfabriken von Pfeifer & Langen entstanden deshalb in Elsdorf, Euskirchen, Wevelinghoven und Dormagen – also fast in Sichtweite des Doms. Unverzichtbare Voraussetzung für den Erfolg des Familienunternehmens war eine vertrauensvolle Zusammenarbeit mit den vielen Rübenanbauern im Linksrheinischen.

Nicht zuletzt in Elsdorf und Umgebung verdankten viele Landwirte bis in die jüngste Vergangenheit ihre wirtschaftliche Existenz der örtlichen Zuckerfabrik, die zeitweise eine der größten Deutschlands war. Die Erinnerungen an die Rübenernte sind hier immer noch sehr präsent: Denn alljährlich kamen die Bauern im Frühherbst mit ihren Fuhrwerken aus allen Himmelsrichtungen nach Elsdorf, behinderten zum Verdruss so mancher Autofahrer den Verkehr und verbreiteten mit ihrer Ladung einen seltsamen Geruch.

Bis heute ist die Zuckerherstellung für private Verbraucher und die verarbeitende Industrie das Kerngeschäft des Lebensmittelkonzerns Pfeifer & Langen, der seit den 1990er-Jahren auch Standorte im Ausland betreibt.

Von Elefantenkopf bis Teufelsschlucht

Die Wiehler Tropfsteinhöhle wird öffentlich zugänglich

19
27

Wer sich bei hohen sommerlichen Temperaturen nach einer Abkühlung sehnt, kann im Oberbergischen tief abtauchen. Und zwar nicht in einen See, sondern in die Wiehler Tropfsteinhöhle. Bereits im Eingangsbereich führen Stufen sieben Meter tief in die Erde, wo die Besucherinnen und Besucher auf eine faszinierende Welt treffen, in der die Temperatur das ganze Jahr über kaum mehr als acht Grad Celsius beträgt.
Entdeckt wurde die Höhle im Jahr 1860 bei Sprengungen im Kalksteinbruch am Wiehler Pfaffenberg. Die Bedeutung der Entdeckung wurde jedoch zunächst nicht erkannt, vielmehr verfüllte man die offengelegten Hohlräume wieder mit Abraum und Gestein. Erst mehr als 60 Jahre später rückte die Höhle wieder ins Bewusstsein: Anfang 1926 begann ihre aufwendige Erschließung im Rahmen öffentlicher „Notstandsarbeiten", die dazu dienten, die damals herrschende Arbeitslosigkeit zu bekämpfen. Am 4. August 1927 war es dann so weit: Die Tropfsteinhöhle wurde zur Besichtigung freigegeben. Ihre knapp 900 Meter langen, elektrisch beleuchteten Höhlengänge reichen bis in eine Tiefe von 30 Metern.
In Millionen Jahren formten sich hier Kaskaden, Pfeiler, Säulen und andere interessante, die Fantasie anregende Formen. Unzählige Schulklassen erinnern sich an Namen wie Elefantenkopf, Orgelgrotte, Gletschergrotte, Perlengrotte, Drachenloch, Siegfriedhalle oder Teufelsschlucht. Ein Höhepunkt jeder Führung ist die Kristallgrotte, ein ehemaliger mit Calzitkristallen ausgekleideter Höhlensee.
Die Höhle ist jedoch nicht nur für naturkundlich Interessierte reizvoll. Seit 2002 bietet die Stadt Wiehl in einer Grotte auch standesamtliche Trauungen an.

Autos am laufenden Band

Grundsteinlegung des Ford-Werks in Köln-Niehl

1930

Wie Himmel und Ääd so gehören Ford und Köln zusammen. Die bemerkenswerte Verbindung begann in den späten 1920er-Jahren, als das US-Unternehmen beschloss, in Deutschland eine eigene Fahrzeugproduktion zu starten. Der Standort sollte möglichst zentral in Europa liegen und Zugang zu einer Wasserstraße haben. Weil Köln ideale Voraussetzungen bot, wurde hier die Zentrale von Ford in Deutschland angesiedelt. Zu verdanken war dies nicht zuletzt dem umtriebigen Kölner Oberbürgermeister Konrad Adenauer (1876 – 1967), der den Firmengründer Henry Ford (1863 – 1947) von den Standortvorteilen am Rhein überzeugte. Am 2. Oktober 1930 kam der Erfinder der Fließbandfertigung höchstpersönlich nach Köln, um gemeinsam mit Adenauer den Grundstein für das neue Werk zu legen.

Der Konzern investierte zwölf Millionen Reichsmark in die neuen Fertigungshallen, die 33.000 Quadratmeter umfassten und am 1. Juni 1931 eingeweiht wurden.

Was mit 619 Mitarbeitern begann, wurde zu einer Erfolgsgeschichte, in deren Verlauf das Unternehmen mit zeitweilig 19.000 Beschäftigten zu einem der größten Arbeitgeber der Region aufstieg.

Auf das zunächst produzierte Modell A folgten zahlreiche weitere Serien wie die verschiedenen Varianten des Ford Taunus, der legendäre Ford Capri, die Modelle Granada und Scorpio sowie vor allem der Fiesta, der zum „Dauerbrenner" wurde. Zur Fahrzeugproduktion kam eine Motoren- und Getriebefertigung hinzu. Das mehrfach erweiterte und umgestaltete Werk in Köln-Niehl wurde durch einen Standort in Köln-Merkenich ergänzt. Dort befinden sich das europäische Teilevertriebszentrum und ein Entwicklungszentrum für alle kleinen und mittleren Ford-Fahrzeuge weltweit.

„Disneyland der Vorkriegszeit“

Eröffnung des Märchenwalds Altenberg

1931

Wer Odenthal am Westrand des Bergischen Lands besucht, kommt an einer Besichtigung des altehrwürdigen Altenberger Doms kaum vorbei. Schulklassen und Familien mit Kindern zieht es anschließend – oder auch ohne vorherigen Dombesuch – jedoch in eine ganz andere Welt: den Märchenwald, der nur wenige Minuten entfernt ist.

Das malerisch oberhalb der Dhünn gelegene Ausflugsziel wurde im Jahr 1931 mit zunächst fünf lebensnahen Darstellungen von Märchen der Brüder Grimm eröffnet. Großer Besucherandrang ließ dieses „Disneyland der Vorkriegszeit" – so die *Rheinische Post* – rasch wachsen. In den 1950er- und 1960er-Jahren stiegen die Besucherzahlen weiter an. Und noch heute werden entlang eines idyllischen Waldpfads 18 Märchen mit liebevoll gestalteten und teilweise bewegten Figuren präsentiert. So können die kleinen und großen Zuschauer dabei sein, wenn der Froschkönig die goldene Kugel der Prinzessin aus dem Brunnen holt, oder vor Rapunzels Turm darauf warten, dass die eingesperrte Prinzessin ihr Haar herunterlässt. Krönender Abschluss eines jeden Besuchs im Märchenwald Altenberg sind die „Tanzenden Fontänen", eine Wasserorgel aus dem Jahr 1956, die im Märchenwald-Café bunt beleuchtete Wasserfiguren wie von Zauberhand tanzen lässt. Selbst hightech-verwöhnte Kinderaugen kommen aus dem Staunen nicht heraus – umso mehr galt dies für die Babyboomer vor mehr als 50 Jahren. Es gibt wohl kaum eine Familie und kaum eine Schulklasse im Rheinland, die diesen Freizeitpark mit seinem unverwechselbaren, nostalgisch angehauchten Charme nicht besucht hat. Wenn es denn generationenübergreifende Erinnerungsorte in der Region gibt, dann gehört der Altenberger Märchenwald auf jeden Fall dazu.

Schnurgerade und schnell

Die erste deutsche Autobahn

19
32

Bei einer Fahrt auf der überwiegend schnurgeraden A555 fallen immer wieder zwei Landmarken ins Auge, die für das rheinische Regionalbewusstsein von zentraler Bedeutung sind: in Richtung Bonn das Siebengebirge als erste Andeutung des romantischen Rheins und in Richtung Norden die Kölner Stadtsilhouette mit dem Dom. Doch sollte darüber nicht vergessen werden, dass auch die Straße selbst von historischer Bedeutung ist – war sie doch Deutschlands erste Autobahn.

Am 6. August 1932 eröffnete Kölns Oberbürgermeister Konrad Adenauer die 20 Kilometer lange Strecke mit den Worten: „So werden die Straßen der Zukunft aussehen." Und er sollte mit seiner Prognose recht behalten.

Im Vergleich zu heutigen Autobahnen mutete die „Kraftwagenstraße Köln-Bonn" fast abenteuerlich an. Zwar gab es zwei kreuzungsfreie Spuren für jede Fahrtrichtung, doch waren diese nur durch eine weiße Linie voneinander getrennt. Motorräder durften die neue Straße nicht befahren. Besonders kurios: Vom Verteilerkreis in Köln bis nach Godorf gab es in der Mitte noch eine zusätzliche Spur für Pferdefuhrwerke, Radfahrer und andere langsame Verkehrsteilnehmer.

Die Nationalsozialisten, die sich in den folgenden Jahren mit dem Bau weiterer Kraftwagenstraßen schmückten, degradierten die Köln-Bonner Strecke zur „Landstraße" und strichen sie aus dem Reichsautobahnnetz. Auf diese Weise konnte Hitler zum „Erfinder der Autobahn" stilisiert werden – eine Legende, die bis heute fortlebt. Erst 1958 erhielt die Straße ihren alten Status zurück und wurde als A72 in das Bundesautobahnnetz aufgenommen. In den 1960er-Jahren baute man sie auf sechs Spuren aus. Heute nutzen mehr als 80.000 Fahrzeuge täglich die A555.

Im Zeichen des Brunnens

Die Kreissparkasse Köln eröffnet ihre Hauptstelle am Neumarkt

19
35

Alles hat einen Anfang – so auch die Präsenz der Kreissparkasse Köln im Herzen der Domstadt, am Neumarkt. Was heute vielen selbstverständlich erscheint, kann auf eine fast 90-jährige Tradition zurückblicken. Vor der Übersiedlung an diesen repräsentativen Standort befand sich die Hauptstelle in der relativ versteckt liegenden St.-Apern-Straße. Im Jahr 1909 war die damalige „Spar- und Darlehnskasse des Landkreises Köln" dort in das Kreishaus, das Domizil ihres Trägers, eingezogen. Die Räumlichkeiten erwiesen sich jedoch in den frühen 1930er-Jahren als zu eng, weil man nach den Fusionen mit den Kreissparkassen Mülheim am Rhein und Bergheim mehr Platz und Personal benötigte.
Am 15. April 1935 konnte die Kreissparkasse Köln ihre neue Hauptstelle am Neumarkt beziehen, nachdem der Zweckverband als ihr Träger die Immobilie von der Görreshaus-Verwaltungsgesellschaft gekauft hatte. Vor dem Einzug war das Gebäude, in dem sich eine Druckerei befunden hatte, aufwendig umgebaut worden, um eine etwa 600 Quadratmeter große Kundenhalle zu schaffen – den geschäftlichen Dreh- und Angelpunkt der Hauptstelle. Blickfang in der Kundenhalle war ein vom Kölner Bildhauer Eduard Schmitz (1897 – 1965) entworfener „Sparbrunnen" aus Bronze, für den sich schon bald die Bezeichnung „Kölnisch-Wasser-Brunnen" einbürgerte, da er neben reinstem Kölner Wasser auch – in kleiner Menge – Duftwasser spendete. Im Jahr 1942 wurde der Brunnen für Kriegszwecke eingeschmolzen, 1949/50 aber fast originalgetreu neu gegossen. Schon früh rankten sich viele heitere Anekdoten und Legenden um den „Kölnisch-Wasser-Brunnen". Und bis heute ist er eine beliebte Attraktion in der Kundenhalle, die mittlerweile auf etwa 1800 Quadratmeter erweitert wurde.

Stille und eindringliche kölsche Tön

Willi Ostermanns populärstes Lied entsteht

19
36

Knapp drei Jahre vor Beginn des Zweiten Weltkriegs, im Herbst 1936, erschien ein Lied, das rasch zur inoffiziellen Kölner Stadthymne wurde: „Heimweh nach Köln", auch bekannt als „Ich mööch zo Fooß noh Kölle jonn". Weil die darin angeschlagenen stillen und zugleich eindringlichen kölschen Töne zu sentimental waren, um als Durchhalteparolen zu dienen, verboten die Nationalsozialisten das Lied im Zweiten Weltkrieg. Komponist und Autor der wohl kölschesten aller kölschen Hymnen war Willi Ostermann, der den Kriegsbeginn nicht mehr erlebte. Er schrieb den Text kurz vor seinem Tod im August 1936 im Alter von 59 Jahren. Dabei verwendete er eine Melodie, die er bereits einige Jahre zuvor komponiert hatte. „Heimweh nach Köln" war damit das letzte Werk des populären und schon zu Lebzeiten legendären Komponisten, Texters und Krätzchensängers. Rasche Verbreitung fand es durch eine Schallplattenaufnahme von Thomas Liessem (1900 – 1973), einem Freund Ostermanns und führenden Kölner Karnevalisten – auch in der NS-Zeit. In den Jahrzehnten nach dem Krieg erwies sich „Heimweh nach Köln" als unverzichtbarer Bestandteil kölscher Veranstaltungen – auch außerhalb der Karnevalszeit. Es ist daher kaum vorstellbar, dass es kölsche Musiker gibt, die dieses Lied nicht im Repertoire haben. Heute ist der oft gecoverte Titel, der inzwischen nicht nur als Hymne der Stadt, sondern des gesamten Rheinlands gelten kann, präsenter denn je. Sein Erfolgsgeheimnis dürfte sein, dass es in musikalisch lautstarken und aktionsgeladenen Veranstaltungen eine dramaturgisch willkommene, zu kurzer Besinnlichkeit einladende Verschnaufpause bietet und die stille, verletzliche Seite der Kölner und der im Umland lebenden Menschen zum Ausdruck bringt.

Denkwürdige Nacht

„1000-Bomber-Angriff" auf Köln

19 42

Bis zum Frühjahr 1942 hatte es zwar kleinere Luftangriffe auf Köln gegeben, doch waren die Schäden überschaubar geblieben. Für die Bevölkerung war das nächtliche Aufsuchen der Bunker und Luftschutzkeller eine zwar notwendige, aber auch lästige Routine. Dies änderte sich schlagartig in der Nacht vom 30. auf den 31. Mai 1942, als die Stadt Ziel des größten Luftangriffs war, den Deutschland bis dahin erlebt hatte.

Als Vergeltung für deutsche Angriffe auf englische Städte setzte die britische Luftwaffe mehr als 1000 Flugzeuge ein, die Köln eineinhalb Stunden lang bombardierten. Die „Nacht der 1.000 Bomber" kostete fast 500 Menschen das Leben, mehr als 5000 wurden verletzt. Die Feuerwehr bemühte sich, die zahllosen Brände zu löschen, doch die Schäden waren enorm. Weil der Angriff außer Kirchen, Krankenhäusern und anderen öffentlichen Einrichtungen auch zahlreiche Wohngebäude beschädigte oder zerstörte, wurden Zehntausende Menschen obdachlos. Viele verließen die Stadt und suchten sich rheinaufwärts oder im Bergischen Land eine neue Bleibe.

Bis heute ist die „Nacht der 1.000 Bomber" tief im kollektiven Gedächtnis verankert, weil man sich ein Bombardement dieser Dimension bis dahin nicht hatte vorstellen können. Die Zivilbevölkerung spürte in jener Nacht erstmals die Konsequenzen des von Deutschland angefangenen Kriegs am eigenen Leibe und fühlte sich völlig hilflos.

Der Luftkrieg eskalierte in der Folge, und bis zum Kriegsende wurde die Stadt noch viele Male angegriffen. Vor allem die Bombardements im Juni und Juli 1943, im Oktober 1944 und am 2. März 1945 wirkten sich verheerend aus. Bei Kriegsende hatten insgesamt schätzungsweise 20.000 Kölner Zivilpersonen ihr Leben verloren, und die Stadt war eine Trümmerwüste.

Mutiger Bürger

Bergisch Gladbach entgeht der Bombardierung

1945

Seine Freunde in Bergisch Gladbach nannten ihn nur Charly. 1896 im US-Staat New Jersey als Karl August Vollmann geboren, lebte Charly Vollmann ab 1908 in Bergisch Gladbach, der Heimatstadt seines Vaters. Als Werkzeugschlosser und Inhaber einer kleinen Spedition führte er ein völlig unauffälliges Leben.
Dass er sehr viel Mut hatte, zeigte sich in der Schlussphase des Zweiten Weltkriegs, als er auf eigene Faust die Übergabe der Stadt an die Amerikaner in die Hand nahm und dadurch eine Katastrophe verhinderte: Vollmann hörte am 13. April 1945 durch Zufall, wie zwei Offiziere der vorrückenden US-Armee die Lage besprachen und beschlossen, Bergisch Gladbach angesichts des noch vereinzelten deutschen Artilleriefeuers bombardieren zu lassen. In fließendem Englisch mischte er sich in das Gespräch ein und bat die Offiziere, von einer Bombardierung abzusehen, da die Bevölkerung den Einmarsch der Amerikaner sehnlich erwarte. Die Offiziere forderten ihn auf, den örtlichen Polizeiführer herbeizuholen und diesen zur Übergabe der Stadt zu bewegen.
Charly Vollmann setzte daraufhin alle Hebel in Bewegung, um die zögerlich agierende deutsche Seite von der Notwendigkeit einer raschen Aufgabe zu überzeugen.
Am frühen Abend übergab der vom Bürgermeister bevollmächtigte Kommandeur der lokalen Polizeitruppe die Stadt an die Amerikaner. Vollmann betätigte sich dabei als Dolmetscher und Unterhändler. Berichte von Zeitzeugen ließen Jahre später keinen Zweifel daran: Es war seinem couragierten Handeln zu verdanken, dass Bergisch Gladbach nicht in Schutt und Asche versank. Dem 1955 verstorbenen Retter der Stadt zu Ehren wurde der Platz neben dem Rathaus Stadtmitte später nach Charly Vollmann benannt.

Musikalischer Dauerbrenner

Das Karnevalslied „Wer soll das bezahlen?“ erscheint

19
49

Es gibt Lieder, deren Titel zum geflügelten Wort werden, und die obendrein stets aktuell sind. Dazu zählt zweifellos das Karnevalslied „Wer soll das bezahlen?“, das der Kölner Komponist und Sänger Jupp Schmitz (1901 – 1991), auch bekannt als „Dä Schnäuzer“, 1949 dem deutschen Nachkriegspublikum präsentierte. Passend zur eingängigen, von Schmitz kreierten Melodie, hatte der vielbeschäftigte Texter Kurt Feltz (1910 – 1982) die bis heute oft zitierten Liedzeilen beigesteuert.
Der Titel spielte zwar vordergründig auf kostspielige Thekenrunden an, war zugleich aber auch ein diskreter Hinweis auf die Preissteigerungen infolge der Währungsreform im Juni 1948. „Wer soll das bezahlen?“ war auf Anhieb ein beliebter Schlager und entwickelte sich zu einem musikalischen Seufzer, der die alltägliche Erfahrung hoher Preise und des „Knapp-bei-Kasse-Seins“ mehr oder weniger trostreich zum Ausdruck brachte.
Für Jupp Schmitz war das Lied der Auftakt zu einer höchst erfolgreichen Karriere als Komponist und Interpret populärer rheinischer Stimmungslieder. Er wurde über die Grenzen seiner Heimat hinaus zu einem der beliebtesten Botschafter des „rheinischen Frohsinns“ – wobei sich seine Auftritte keineswegs auf die Karnevalszeit beschränkten. Auch im Fernsehen war „Dä Schnäuzer“ mit seinem markanten Äußeren ein oft und gern gesehener Gast.
Als klassischer Pianist ausgebildet verfügte Jupp Schmitz über eine außerordentliche musikalische Bandbreite: Feinsinn und Klamauk schlossen sich bei ihm nicht aus. Ebenfalls zum geflügelten Wort wurde sein Lied „Am Aschermittwoch ist alles vorbei“ (1952), das als Musterbeispiel der engen Verbindung zwischen Humor und Melancholie im Rheinland gelten kann.

Wiege der Bonner Republik

Auf dem Petersberg wird Geschichte geschrieben

19 49

Kurvenreich ist die Fahrt hinauf. Sie lässt – ebenso wie ein ehemaliges Wachgebäude, in dem einst ein Röntgengerät die ankommende Post untersuchte – die besondere Bedeutung des Fahrtziels erahnen. Dieses liegt sanft angeschmiegt an einen Gipfel des Siebengebirges auf 330 Meter Höhe und bietet einen fantastischen Blick auf Bonn.

Die Rede ist vom Grandhotel Petersberg, das gerne als deutsches „Camp David" bezeichnet wird, denn in den eleganten Räumen nächtigten schon viele Staatsgäste, darunter 1954 der äthiopische Kaiser Haile Selassie und 1965 die englische Königin Elizabeth II. Trotz des Umzugs der Bundesregierung nach Berlin wird das geschichtsträchtige Hotel – das deutschlandweit einzige in Staatsbesitz – bis heute für politische Treffen genutzt: So wurden hier unter anderem zwei Afghanistan-Konferenzen und der erste Petersberger Klimadialog abgehalten.

Weltgeschichtliche Bedeutung erlangte der neobarocke Prunkbau nach dem Zweiten Weltkrieg, als die Vertreter der westlichen Siegermächte auf dem Petersberg residierten. Am 21. September 1949 machte Bundeskanzler Konrad Adenauer seinen Antrittsbesuch bei der Alliierten Hohen Kommission und demonstrierte durch einen beherzten Schritt auf einen Teppich, der eigentlich den Hohen Kommissaren vorbehalten war, dass die Bundesrepublik von nun an wieder Gleichbehandlung beanspruchte. Zwei Monate später, am 22. November 1949, unterzeichneten der Bundeskanzler und die Vertreter der Alliierten das Petersberger Abkommen, das einen wichtigen Schritt auf dem Weg zur staatlichen Souveränität Deutschlands darstellte. Der Petersberg kann daher als Wiege der Bonner Republik gelten.

„Kleiner Gürzenich“

Karneval in der Kundenhalle der Kreissparkasse Köln

19 50

Während des Zweiten Weltkriegs waren die Gebäude am Kölner Neumarkt massiven Luftangriffen ausgesetzt. Wegen schwerer Schäden konnte die Hauptstelle der Kreissparkasse Köln ab 1943 kaum noch genutzt werden, 1944 stürzte das Gebäude im Bombenhagel ein.
Der Wiederaufbau erfolgte unmittelbar nach der Währungsreform im Jahr 1948 nach Plänen des Architekten Walter Dietz. Ende 1949 war die Kundenhalle wieder so weit hergestellt, dass sie zwar noch nicht für Kassengeschäfte genutzt werden konnte, aber für andere Zwecke. Weil der Gürzenich, die „gute Stube“ der Stadt, noch nicht hinreichend instand gesetzt war, fragte die Stadt Köln an, ob die Kundenhalle im Januar und Februar 1950 für Karnevals- und Varieté-Veranstaltungen genutzt werden könne.
Mehr als 30.000 Menschen aus Köln und den umliegenden Landkreisen feierten in jenem Jahr im „Kleinen Gürzenich“, wie der Volksmund die Kundenhalle alsbald nannte. Die insgesamt 25 Veranstaltungen richteten sich zum Teil bewusst an ein Publikum, das sich unter den materiell schwierigen Bedingungen der Nachkriegszeit den Besuch eigentlich gar nicht leisten konnte. Am Rosenmontag, der 1950 auf den 20. Februar fiel, erklangen zum vorläufig letzten Mal Karnevalslieder im Kleinen Gürzenich. Zuvor hatte ein Kostümball der Lyskircher Junge das fröhliche Treiben beendet.
Ab Aschermittwoch hatten am Neumarkt wieder die Handwerker das Sagen, sodass am 1. April 1950 die neue Kundenhalle der Kreissparkasse feierlich eröffnet werden konnte. Seither haben unzählige Ausstellungen, Vorträge und sonstige Veranstaltungen in der Halle stattgefunden, zum Beispiel die Verleihung des Lew Kopelew Preises für Frieden und Menschenrechte oder die Präsentation der Musikproduktionen „Kölsche Evergreens“ und „Kölsche Heimat“.

„Sänger von Rhein und Wein“

Dem Volkssänger Willy Schneider gelingt der Durchbruch

1951

Stefan Raab war nicht der erste gelernte Metzger, der Erfolge im Musik- und Showbusiness feierte. Gut ein halbes Jahrhundert vor ihm gelang dies Willy Schneider (1905 – 1989), der wie Raab gebürtiger Kölner war. Schneider sang bereits vor und im Zweiten Weltkrieg Volkslieder und Schlager. Seinen Durchbruch hatte er jedoch 1951, als er mit „Einmal am Rhein" einen schwungvollen Walzer von Willi Ostermann präsentierte. Noch im selben Jahr begründeten zwei weitere Lieder Schneiders Ruf als „Sänger von Rhein und Wein": das trinkfreudige „Wenn das Wasser im Rhein gold'ner Wein wär" und das aufmunternde „Schütt' die Sorgen in ein Gläschen Wein". Den Erfolg perfekt machte schließlich der 1953 erschienene Titel „Man müsste nochmal zwanzig sein".

Rasch wurde Willy Schneider, dem Starallüren fremd waren, auch im Ausland zum Sympathieträger und musikalischen Botschafter der rheinisch geprägten Bonner Republik. Tourneen führten ihn unter anderem in die USA, wo er im Madison Square Garden und in der Carnegie Hall in New York auftrat. Auch im Fernsehen war Willy Schneider häufig zu Gast. Seine Baritonstimme hatte einen hohen Wiedererkennungswert, und seine Popularität blieb bis ins hohe Alter ungebrochen.

Schneider nahm etwa 800 Platten auf, die sich weltweit 18 Millionen Mal verkauften. Um als typischer Rheinländer durchzugehen, war er allerdings etwas zu diszipliniert und kultiviert – ihm fehlte das leicht Chaotische und Subversive, das viele seiner rheinländischen Kolleginnen und Kollegen aus der Unterhaltungsbranche bis heute kennzeichnet. Wegen seiner Loblieder auf den Rhein und den deutschen Wein wurde der Sänger, der selbst gerne Bier und Malteser trank, 1975 mit dem Weinkulturpreis geehrt.

Fröhliche Eroberung der Mattscheibe

Fernsehpremiere des Millowitsch-Theaters

1953

Die noch junge Fernsehwelt der Nachkriegsjahre erlebte am 27. Oktober 1953 eine Premiere. Anstelle einer ausgefallenen Sportveranstaltung wurde erstmals ein Theaterstück live übertragen: die Komödie „Der Etappenhase" aus dem Millowitsch-Theater in Köln. Die Zuschauer sahen die Sendung wegen der damals noch geringen Verbreitung heimischer Fernsehgeräte vornehmlich in Gaststätten. Ihre Begeisterung war jedoch so groß, dass es bereits im November eine erneute Live-Übertragung des Stücks gab.

Die TV-Premiere machte nicht nur den Hauptdarsteller und Leiter des Theaters Willy Millowitsch (1909 – 1999) überregional bekannt, sondern auch Schauspielerinnen und Schauspieler wie Lucy Millowitsch, Elsa Scholten, Franz Schneider und Lotti Krekel. Ihr außerordentliches komödiantisches Talent trug dazu bei, dass die Übertragungen der komisch-derben Schwänke aus dem Millowitsch-Theater in den folgenden Jahrzehnten regelrechte Straßenfeger waren. Ähnlich wie das Ohnsorg-Theater in Hamburg und der Komödienstadel in München war das Millowitsch-Theater eine Hochburg dialektgefärbten Humors.

Dass Willy Millowitsch und sein Theater vielleicht noch etwas populärer waren als die nord- und süddeutschen Wettbewerber, lag vor allem an den vielfältigen Talenten des Theaterleiters. Ab den 1960er-Jahren feierte Millowitsch auch als Sänger und Interpret rheinischer Karnevalslieder große Erfolge. In seinen letzten Lebensjahren überzeugte er das Fernsehpublikum auch als Schauspieler im ernsten Fach, zum Beispiel als Kommissar Klefisch in der gleichnamigen Serie. Das Theater wurde ab 1998 zunächst von seinem Sohn Peter Millowitsch weitergeführt und 2015 von neuen Betreibern in Volksbühne am Rudolfplatz umbenannt.

Auf dem Weg zur Bildung für alle

Das „Honnefer Modell" wird eingeführt

19
57

Der Begriff „Honnefer Modell“ ist heute nur noch älteren Akademikern bekannt – hat er doch nicht wenige von ihnen in einer bestimmten Lebensphase begleitet. Er geht zurück auf eine Konferenz, die im Oktober 1955 in Honnef stattfand – den Zusatz Bad erhielt die Kurstadt erst 1960. Damals beschlossen Vertreter deutscher Kultusministerien und Hochschulen, besonders begabte Studierende aus einkommensschwachen Familien staatlich zu fördern. Der Name des Programms, das zum Wintersemester 1957/58 offiziell eingeführt wurde, machte die Kleinstadt im Süden Nordrhein-Westfalens mit einem Schlag bundesweit bekannt.
Allerdings wurden schon bald die Schwächen des Modells deutlich: Es beschränkte sich auf Studierende an Universitäten, es bestand kein Rechtsanspruch, es gab keine Vollförderung, und die Quote der geförderten Studierenden erreichte nicht einmal 20 Prozent. Außerdem kamen nur diejenigen in den Genuss der Förderung, die sehr gute Leistungen vorweisen konnten. Abhilfe schuf erst das 1971 eingeführte Bundesausbildungsförderungsgesetz (BAföG), das allen Studierwilligen eine leistungsunabhängige, rechtlich einklagbare Förderung versprach, sofern das Einkommen der Eltern eine gewisse Grenze nicht überschritt. Durch die Einführung des BAföG stieg der Anteil der Studierenden aus ärmeren Familien deutlich an: 1972 erhielten bereits knapp 44 Prozent der Studierenden eine Förderung.
Trotz seiner Unvollkommenheit war das Honnefer Modell ein erster Schritt zu mehr Bildungs- und Chancengerechtigkeit in Deutschland. Eine weitere bildungspolitische Maßnahme bezog sich ebenfalls auf das Stadtgebiet von Honnef: Das 1958 eingeführte Rhöndorfer Modell förderte Studierende an Ingenieursschulen und Pädagogischen Hochschulen.

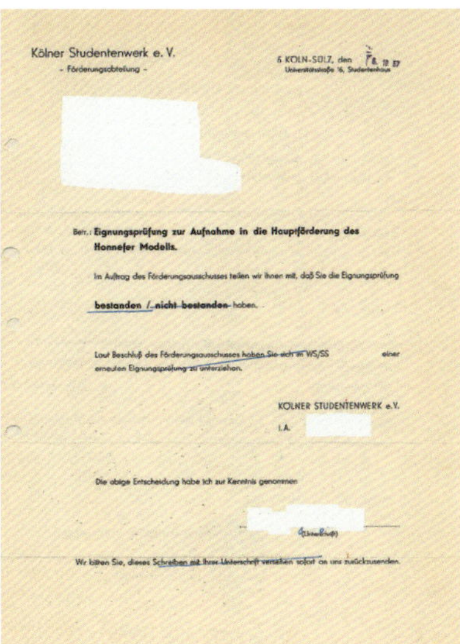

Kölner Studentenwerk e. V.
– Förderungsabteilung –

5 KÖLN-SÜLZ, den 18. 12. 57
Universitätsstraße 16, Studentenhaus

Betr.: **Eignungsprüfung zur Aufnahme in die Hauptförderung des Honnefer Modells.**

Im Auftrag des Förderungsausschusses teilen wir Ihnen mit, daß Sie die Eignungsprüfung

bestanden / ~~nicht bestanden~~ haben.

Laut Beschluß des Förderungsausschusses ~~haben Sie sich im WS/SS einer erneuten Eignungsprüfung zu unterziehen.~~

KÖLNER STUDENTENWERK e.V.

I.A.

Die obige Entscheidung habe ich zur Kenntnis genommen

(Unterschrift)

Wir bitten Sie, dieses Schreiben mit Ihrer Unterschrift versehen sofort an uns zurückzusenden.

Erlebnis für Augen und Ohren

Auftakt der Brühler Schlosskonzerte

19
58

Der deutsche Schriftsteller Jean Paul hat Musik einst als „Poesie der Luft" bezeichnet. Er wies damit nicht nur auf die enge Verwandtschaft zwischen Dicht- und Tonkunst hin, sondern machte auch deutlich, dass Musik ihre sinnliche und emotionale Wirkung im Medium des Raums entfaltet. Die stimmige Verbindung von Klang und Raum lässt ein Konzert zu einem Gesamtkunstwerk aus Musik, Architektur und Inszenierung werden.
Von dieser Einsicht ließ sich 1958 der Dirigent Helmut Müller-Brühl (1933 – 2012) leiten, als er die Brühler Schlosskonzerte ins Leben rief. Die Veranstaltungsstätte Schloss Augustusburg sah damals zwar noch ein bisschen traurig und mitgenommen aus, da längst nicht alle Folgen des Kriegs beseitigt waren. Doch das Fehlen einer richtigen Bestuhlung und andere Unannehmlichkeiten taten weder dem großen Publikumsinteresse Abbruch noch der einzigartigen klanglichen Wirkung, die von dem barocken Prunktreppenhaus ausging, das damals zentraler Spielort war – und bis heute geblieben ist.
Seit 1958 haben sich die Brühler Schlosskonzerte einen hervorragenden Ruf erworben – als eine Aufführungsstätte barocker und klassischer Musik, die auch visuell glanzvoll ist. Zahlreiche Meisterwerke des 17. und 18. Jahrhunderts, darunter viele zu Unrecht vergessene Werke, wurden in Schloss Augustusburg und weiteren Brühler Spielstätten aufgeführt. Wie kaum eine andere lokale Initiative im Rhein-Erft-Kreis genießt die Konzertreihe hohes internationales Renommee. Die sommerlichen Veranstaltungen, deren Herzstück seit 2008 das in Deutschland einzigartige Haydn-Festival bildet, sowie das am Abschlusswochenende stattfindende Feuerwerk im Schlosspark sind alljährlich ein Magnet für Publikum und Presse aus der Region und weit darüber hinaus.

Nach amerikanischem Vorbild

Die Kreissparkasse Köln eröffnet einen Autoschalter

19
58

Als die Stadtsparkasse Köln (heute Sparkasse KölnBonn) im Oktober 1957 den bundesweit ersten Autoschalter eröffnete, zog ein bisschen Amerika in die deutsche Bankenlandschaft ein. Die Reaktion der Kreissparkasse Köln ließ nicht lange auf sich warten: Bereits im Januar 1958 eröffnete sie an der Wolfsstraße, im nördlichen Bereich ihrer Hauptstelle, ebenfalls einen Autoschalter.
Der neue Service war eine Reaktion auf die Motorisierung in den 1950er-Jahren und ließ Fortschrittsoptimismus erkennen. Im Köln der Nachkriegszeit sorgten die Autoschalter außerdem für ein ungewohnt großstädtisches Flair. Beide waren nach amerikanischem Vorbild als „Drive-Thru-Schalter" konzipiert: Die Kunden fuhren an den vielfach gesicherten Schalter heran und erledigten ihre Bankgeschäfte, ohne das Auto verlassen zu müssen. Die Kommunikation zwischen Bankangestellten und Kunden erfolgte per Mikrofon und Lautsprecher.
Für die Kölner Sparkassen war das autofreundliche Angebot allerdings sehr aufwendig: Denn zur weiteren Bearbeitung mussten die Belege der Kunden mithilfe kleiner Kameras an die Verwaltung übertragen werden. Das Personal von Schalter und Verwaltung stand zudem telefonisch in Verbindung. Kein Wunder, dass der Service viele Jahre später durch autogerechte Geldautomaten ersetzt wurde.
In den folgenden Jahren hatte die Kreissparkasse Köln häufig die Nase vorn, was technische Neuerungen betraf. Nachdem sie bereits 1955 das Rechnungswesen auf Lochkartenverfahren mit Elektronenrechner umgestellt hatte, nahm sie 1962 magnetbandbasierte elektronische Datenverarbeitungsanlagen in Betrieb. Im Jahr 1969 führte sie als erste Sparkasse in Nordrhein-Westfalen die „elektronische Datenfernverarbeitung" ein, und 1978 installierte sie einen der ersten Geldautomaten, die an das bankinterne Netz angeschlossen waren.

Paradies vor der Haustür

Das Siebengebirge wird der erste Naturpark in Nordrhein-Westfalen

1958

Der deutsche Naturforscher Alexander von Humboldt soll einst beim Anblick des Siebengebirges so überwältigt gewesen sein, dass er es als achtes Weltwunder bezeichnete. Dass dieser beeindruckende Ort, der schon im 19. Jahrhundert Besucher aus dem In- und Ausland anzog, als einzigartige rheinische Natur- und Kulturlandschaft erhalten blieb, ist vor allem den Bemühungen des Verschönerungsvereins für das Siebengebirge zu verdanken, den besorgte Naturfreunde 1869 gründeten.
Bereits 1922 wurde im Siebengebirge ein Naturschutzgebiet ausgewiesen, das eine wesentliche Rolle spielte, als Mitte der 1950er-Jahre die Idee der Naturparks aufkam, der den Schutz und die Nutzung der Landschaft verbindet. Im März 1958 wurde der Naturpark Siebengebirge als erster seiner Art in Nordrhein-Westfalen und als dritter in Deutschland ins Leben gerufen. Im Jahr 2007 wurde seine Fläche auf 112 Quadratkilometer verdoppelt.
Als Naturpark steht das Siebengebirge unter umfassendem Schutz. Dies ist nicht zuletzt aufgrund seiner großen Anziehungskraft für den Tourismus unabdingbar. Die malerische Hügellandschaft hoch über dem Rhein mit ihren 42 Vulkankuppen und ausgedehnten Buchenwäldern ist ein wertvoller Lebensraum für geschützte Tiere und Pflanzen. Ein Teil sind sogenannten Wildnisgebiete: Waldflächen, die ihrer natürlichen Entwicklung überlassen bleiben, um die Artenvielfalt zu fördern. Im Naturpark gibt es 312 Wanderwege. Die beliebteste Route führt auf den Drachenfels mit seiner markanten Burgruine. Der Ölberg, die mit 461 Metern höchste Erhebung, bietet bei klarem Wetter einen Blick zum Kölner Dom, über das Rheintal zur Eifel sowie zum Westerwald und sogar zum Taunus.

Talfahrt in die Katastrophe

Unfall der Drachenfelsbahn

19 58

Es war ein furchtbares Unglück, das sich am 14. September 1958 gegen 18.45 Uhr am Drachenfels ereignete. Ideales Ausflugswetter hatte an jenem Sonntag viele Menschen auf den Berg gelockt. Am frühen Abend waren noch so viele Besucher auf dem Plateau, dass sich die Betreiber der seit 1883 bestehenden und als sicher geltenden Zahnradbahn zu einer allerletzten Talfahrt entschlossen. Drei Minuten nach Abfahrt des Zugs mit rund 160 Fahrgästen geschah das Unfassbare: Die Dampflok entgleiste, und einer der drei Waggons wurde komplett zerstört. 17 Menschen starben und 112 wurden zum Teil schwer verletzt. Das älteste Todesopfer war 74, das jüngste gerade mal zwei Jahre alt.

Seit dem Zweiten Weltkrieg hatte es in Deutschland keinen Unfall dieser Größenordnung gegeben. Die Lage an der Unglücksstelle war chaotisch. Eine Rettungskette, wie es sie heute gibt, existierte damals nicht. Laut einem zeitgenössischen Zeitungsbericht spielten sich in den Krankenhäusern und auf den Polizeirevieren erschütternde Szenen ab, weil Menschen nach ihren Angehörigen suchten. Die meisten der verunglückten Ausflügler hatten keine Ausweispapiere bei sich.

Ursache des Unglücks waren technische Unzulänglichkeiten und menschliches Versagen. Die Drachenfelsbahn stellte ihren Betrieb unmittelbar danach bis auf Weiteres ein. Erst 1960 fuhr sie wieder auf den Berg hinauf – jedoch nie wieder mit Dampfloks, sondern ausschließlich mit Elektrotriebwagen.

Zum 60. Jahrestag des Unfalls wurde 2018 an der Talstation eine zwei Meter hohe schmiedeeiserne Skulptur enthüllt. Das Werk des Künstlers Burkhard Mohr aus Königswinter stellt Merkur dar – den römischen Gott und Schutzpatron nicht nur der Reisenden und des Verkehrs, sondern auch der Technik und Wissenschaft.

Beliebtes Naherholungsgebiet

Der Kottenforst wird Naturpark

19 59

Naturverbundenen Rheinländern galt der Kottenforst seit jeher als landschaftlich reizvoll. Bereits um 1900 entwickelte sich der 40 Quadratkilometer große ehemalige Staatswald vor den Toren Bonns zu einem beliebten Naherholungsgebiet. Als Bonn 1949 Bundeshauptstadt wurde und die Bevölkerung wuchs, lockte der Wald vor allem an sonnigen Wochenenden noch mehr Ausflügler an.

Um die Schönheit und den urwüchsigen Charakter des Gebiets zu erhalten, wurde 1959 der Naturpark Kottenforst ins Leben gerufen. Nach dem Siebengebirge war er der zweite Naturpark in Nordrhein-Westfalen. Im Jahr 1967 kam zunächst die Ville hinzu – ein etwa 50 Kilometer langer Höhenzug in Nord-Süd-Richtung. Weitere Vergrößerungen des Naturparks folgten. Seit 2005 heißt ein inzwischen mehr als 1000 Quadratkilometer großes Gebiet, das sich vom Südwesten Bonns bis in den Westen Kölns erstreckt, Naturpark Rheinland. Die Domstadt erhielt dadurch eine Art dritten Grüngürtel.

Heute zählen neben dem Kottenforst zahlreiche Bach- und Flussauen, das Vorgebirge mit seinen ausgedehnten Feldern sowie die hügeligen Vulkane des Drachenfelser Ländchens zum Naturpark Rheinland. Nicht zu vergessen die 40 Seen der Ville, die auf den Braunkohletagebau zurückgehen. Er bietet damit viele Möglichkeiten, sich zu erholen und die Natur zu erleben.

Noch immer ist der Kottenforst nicht nur die Keimzelle dieses Gebiets, sondern auch ein mentaler Ankerpunkt im Raum zwischen Rhein und nordöstlichem Eifelrand. Einen nachhaltigen Eindruck dieses schier endlos erscheinenden Waldgebiets bekommt man vor allem bei Wanderungen und Fahrradtouren, aber auch bei Fahrten auf der Autobahn zwischen Meckenheim und Bonn.

Erinnerungen an die Zukunft

Die Kreissparkasse Köln setzt „Fahrbare Zweigstellen“ ein

19
60

In den 1950er-Jahren waren die Sparkassen von ihrem Ideal der „flächendeckenden“ Präsenz noch weit entfernt. Obwohl das Zweigstellennetz gegen Ende des Jahrzehnts massiv ausgeweitet wurde, waren in ländlichen Gebieten bei Weitem nicht alle Filialen schnell und fußläufig zu erreichen. Um Versorgungslücken zu vermeiden, setzte die Kreissparkasse Köln ab dem Frühjahr 1960 zwei sogenannte Fahrbare Zweigstellen ein – eine für das Rechtsrheinische und eine für das Linksrheinische. Die beiden umgebauten Magirus-Busse hielten in der Regel zweimal wöchentlich für etwa eine Stunde in den einzelnen Ortschaften. Sie waren auch auffällige Werbeträger, an die sich viele Menschen in der Region noch heute erinnern.

Wenn die Fahrbare Zweigstelle „Erft“ zum Beispiel in Manheim auf dem Marktplatz stand, fanden sich im Durchschnitt etwa 30 Kunden ein. Der Gemeinderat hatte der Kreissparkasse Köln erlaubt, dort zu parken, „wo der Bürgersteig am breitesten war“. Dies war, wie die *Kölnische Rundschau* augenzwinkernd vermerkte, genau vor dem Haus des Bürgermeisters.

Den Kunden in den ländlichen Gebieten vermittelten die Fahrbaren Zweigstellen das Gefühl, dass sie nicht vergessen wurden. Die Kreissparkasse Köln betrachtete die Busse als provisorische Lösung. Sie konnte jedoch auf diese Weise ermitteln, wo der Bedarf so hoch war, dass stationäre Zweigstellen sinnvoll erschienen. Als diese dann vermehrt eingerichtet wurden, stellte man die „Sparkasse auf Rädern“ im Mai 1966 ein. Niemand konnte damals ahnen, dass die Idee einer mobilen Sparkasse mehr als ein halbes Jahrhundert später wieder aktuell sein würde – allerdings unter inzwischen erheblich veränderten Vorzeichen.

Ritter der Rennbahn

Unfalltod des Rennfahrers Wolfgang Graf Berghe von Trips

19
61

Am 14. September 1961 waren die Straßen in Horrem von trauernden Menschen gesäumt. Aus aller Welt waren sie in den kleinen Ort gekommen, der heute zu Kerpen gehört, um Abschied zu nehmen von Wolfgang Graf Berghe von Trips, Deutschlands bis dahin erfolgreichstem Formel-1-Piloten. Sein Sarg wurde in einem grünen Ferrari Cabrio zum Friedhof gefahren, eskortiert von Rennfahrerkollegen, unter ihnen auch Phil Hill aus den USA, der wenige Tage zuvor Formel-1-Weltmeister geworden war.

Anfang September hatte es so ausgesehen, als würde Berghe von Trips diesen Titel gewinnen: Ihm fehlten nur noch zwei Punkte, um als erster deutscher Formel-1-Weltmeister Geschichte zu schreiben. Stattdessen ereignete sich am 10. September 1961 beim Großen Preis von Italien in Monza ein schwerer Unfall, bei dem außer dem Rennfahrer aus Horrem auch 15 Zuschauer starben. 60 weitere erlitten zum Teil schwere Verletzungen.

Der 1928 in Köln geborene Alleinerbe großer Schlösser und Wälder begann seine Rennfahrerkarriere 1951, während er eine Ausbildung zum Landwirt machte. Seine Leidenschaft für den Motorsport erklärte er später mit den Worten: „Ich kann nicht leben, ohne etwas zu wagen. Mich erinnern Autorennen an Ritterturniere des Mittelalters und damit an meine Vorfahren. Ich brauche das."

Wolfgang Graf Berghe von Trips schuf auch eine wichtige Voraussetzung für spätere Erfolge rheinischer Rennfahrer: 1960 brachte er einen der ersten Motorkarts aus den USA nach Deutschland. Nach seinem Tod wurde in Horrem auf gräflichem Besitz eine Kartbahn gebaut. Auf einem Nachfolger dieser Anlage sammelten später Michael und Ralf Schumacher, Nick Heidfeld und Heinz-Harald Frentzen ihre ersten Erfahrungen.

Die Region hebt ab

Erster Langstreckenflug vom Flughafen Köln/Bonn

19 61

Am 20. März 1961 startete vom Köln-Bonner Flughafen eine Chartermaschine der Air France mit japanischen Bergarbeitern zum Flug nach Tokio über Anchorage in Alaska. Es war der erste Langstreckenflug in der Geschichte des Flughafens. Möglich war er nur, weil zuvor eine neue Start- und Landebahn gebaut worden war, die sage und schreibe 3800 Meter lang war. Die alte Landebahn mit ihren 1800 Metern war zu kurz für die neuen Düsenjets. Den Linienverkehr auf der Langstrecke eröffnete kurz darauf die Deutsche Lufthansa, die zwischen Köln/Bonn und New York pendelte.
Dass die Region überhaupt über einen Flughafen für zivile Zwecke verfügte, war insbesondere Konrad Adenauer (1876 – 1967) zu verdanken. Der erste Bundeskanzler hatte sich vehement für einen Flughafen in der Nähe der Bundeshauptstadt Bonn eingesetzt. Nachdem die britische Luftwaffe den Flughafen in der Wahner Heide im Jahr 1957 an die deutschen Behörden übergeben hatte, fiel 1958 die Entscheidung, ihn zum zweiten „internationalen Düsenverkehrsflughafen" neben Frankfurt auszubauen.
Die neue Start- und Landebahn war der Auftakt für viele weitere Baumaßnahmen: Das heutige Terminal 1 wurde 1970 eingeweiht. 1994 erfolgte die Umbenennung in „Flughafen Köln/Bonn – Konrad Adenauer", in den folgenden Jahren wurden das zweite Terminal und der Flughafenbahnhof fertiggestellt. Aufgrund seiner langen Landebahn war der Airport übrigens der einzige in Deutschland, auf dem Raumfähren des Space-Shuttle-Programms der NASA notlanden konnten. Am 20. Mai 1983 landete hier tatsächlich ein Space Shuttle – wenn auch „nur" der Prototyp OV-101 Enterprise, der anlässlich einer Werbeveranstaltung huckepack auf einer modifizierten Boeing 747 Station machte.

Triumphaler Empfang in Köln

Der 1. FC Köln wird erstmals Deutscher Meister

1962

Alles andere als normal war die Situation am Abend des 13. Mai 1962 im und am Geißbockheim, dem im Grüngürtel gelegenen Clubhaus des 1. FC Köln: Zehntausende Menschen feierten die erste deutsche Fußballmeisterschaft, die ihr Verein am Tag zuvor beim Endspiel im Berliner Olympiastadion gewonnen hatte.
Schon nach der Landung am Flughafen Wahn war die Meistermannschaft von zahlreichen Anhängern bejubelt worden. Dann ging es in offenen VW-Käfern mit Polizeieskorte in Richtung Innenstadt, vorbei an Häusern, die rot und weiß geschmückt waren. Auf dem Neumarkt präsentierte das Team um Kapitän Hans Schäfer (1927 – 2017) etwa 40.000 begeisterten Menschen die Meisterschale, oft auch als „Salatschüssel" bezeichnet.
Für die Kölner Mannschaft um ihren später legendär gewordenen Trainer Zlatko „Tschik" Čajkovski (1923 – 1998) war der Titel der verdiente Lohn für eine exzellente Saison, die schon früh Großes erahnen ließ. Im Unterschied zur ein Jahr später eingeführten Fußball-Bundesliga mit ihrer Punktwertung entschied damals eine Endrunde unter den Erst- und Zweitplatzierten der regionalen Oberligen über den Titel.
Am Ende dieses komplizierten Wegs zur Meisterschaft stand am 12. Mai 1962 das Finale, das der 1. FC Köln mit einem klaren 4:0-Sieg gegen den chancenlosen Titelverteidiger 1. FC Nürnberg gewann. „Köln gehört die Zukunft", urteilte die Presse nach dem Sieg. Und auch vom „Real Madrid vom Rhein" war die Rede.
Der sportliche Erfolg des Kölner Vereins setzte sich in ersten beiden Jahren nach dem Titelgewinn von 1962 fort: 1963 wurde die Mannschaft deutscher Vizemeister. Der zweite Meistertitel folgte 1964 – zum Abschluss der ersten Saison der neuen Fußball-Bundesliga.

Rheinische Kraftzentrale

Inbetriebnahme des Kraftwerks Niederaußem

19
63

Lange galt es als Inbegriff moderner, weithin sichtbarer Energietechnik: das Braunkohlekraftwerk in Bergheim-Niederaußem, dessen unverkennbare Silhouette die rheinische Tagebaulandschaft prägt. Ab 1963 erzeugte es Strom aus zwei 150-Megawatt-Blöcken – seinerzeit der neueste Stand der Technik.
Aufgrund des steigenden Strombedarfs wurde das Kraftwerk in den folgenden Jahren immer größer und leistungsstärker. 1965 nahm der Kraftwerksbetreiber, das Rheinisch-Westfälische Elektrizitätswerk (RWE), heute RWE Power AG, in Niederaußem erstmals einen 300-Megawatt-Block in Betrieb – als modernsten seiner Art. Weitere Verbesserungen und Erweiterungen folgten – bis hin zu zwei 600-Megawatt-Blöcken, die 1974 ans Netz gingen.
Der 2002 fertig gestellte Block K, der bis heute stündlich 850 Tonnen Kohle verbrennt, bedeutete einen energietechnischen Quantensprung: Mit einer Bruttoleistung von 1000 Megawatt stellte er einen Rekord auf und erhöhte das Gesamtleistungsvolumen der Anlage – bei einem elektrischen Wirkungsgrad von 43 Prozent – auf fast 3800 Megawatt. Gleichzeitig entstand ein 200 Meter hoher Kühlturm, seinerzeit der weltweit höchste. Befeuert wird das Kraftwerk mit Braunkohle aus dem Tagebau Hambach und dem Tagebau Garzweiler.

Mittlerweile ist das allmähliche Ende dieser Technologie absehbar, denn auch deren CO_2-Ausstoß ist rekordverdächtig: Die Anlage in Bergheim-Niederaußem ist der drittgrößte Verschmutzer in Europa und schneidet auch im globalen Vergleich schlecht ab: 2018 stießen nur sechs Kraftwerke weltweit noch mehr CO_2 aus. Im Zuge des Kohleausstiegs sollen die Blöcke in naher Zukunft sukzessive stillgelegt werden.

KKS 5/154
KKS 5/016

„Münzwurf von Rotterdam“

Der 1. FC Köln scheidet aus dem Europapokal aus

19 65

Es war 1965 der sportliche „Aufreger des Jahres“: der legendäre „Münzwurf von Rotterdam“. Er sorgte dafür, dass der 1. FC Köln nach seinem vielleicht berühmtesten Spiel als Verlierer vom Platz ging.

Als Deutscher Meister des Jahres 1964 traf der 1. FC Köln im Viertelfinale des Europapokals der Landesmeister im Februar und März 1965 auf den FC Liverpool. Da sowohl das Hinspiel in Köln als auch das Rückspiel in Liverpool 0:0 endeten, wurde ein Entscheidungsspiel auf neutralem Boden angesetzt. Dieses fand am 24. März 1965 im ausverkauften Rotterdamer De Kuip-Stadion statt.

In diesem denkwürdigen Spiel fielen dann endlich Tore: Die Kölner konnten einen 0:2-Rückstand durch Treffer von Karl-Heinz Thielen und Hannes Löhr ausgleichen. Wolfgang Weber, der mit gebrochenem Wadenbein über den Platz humpelte, weil Auswechslungen damals noch nicht erlaubt waren, hatte kurz vor Schluss eine riesige Torchance. Doch auch nach der Verlängerung stand es noch 2:2.

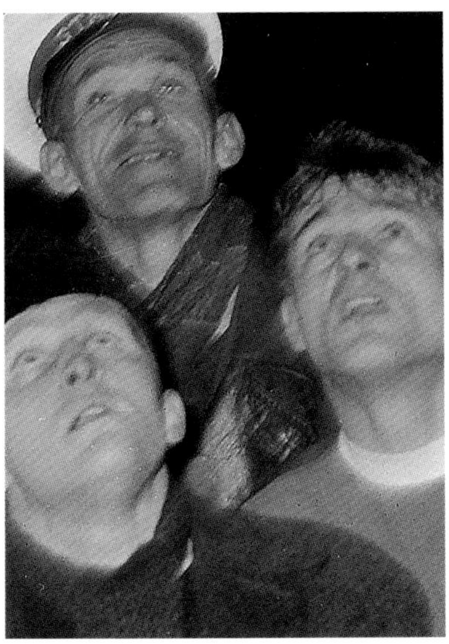

Da es noch kein Elfmeterschießen gab, sahen die UEFA-Regeln einen Münzwurf vor. Der belgische Schiedsrichter Robert Schaut verwendete dafür eine Holzscheibe mit einer weißen und einer roten Seite. Diese blieb nach dem ersten Wurf jedoch senkrecht im matschigen Boden stecken. Erst der zweite Versuch brachte die Entscheidung: Rot, die Farbe Liverpools, lag oben.

Die damals ungewohnte Erfahrung, aus einem bedeutenden Wettbewerb ausgeschieden zu sein, ohne sportlich verloren zu haben, beschäftigte den 1. FC Köln, seine Anhänger und ganz Fußball-Deutschland noch lange. Immerhin trug der Münzwurf dem Kölner Club viel Sympathie ein, erinnerte sich Karl-Heinz Thielen Jahre später: „Das war ein Trost und hat uns sehr gut getan.“

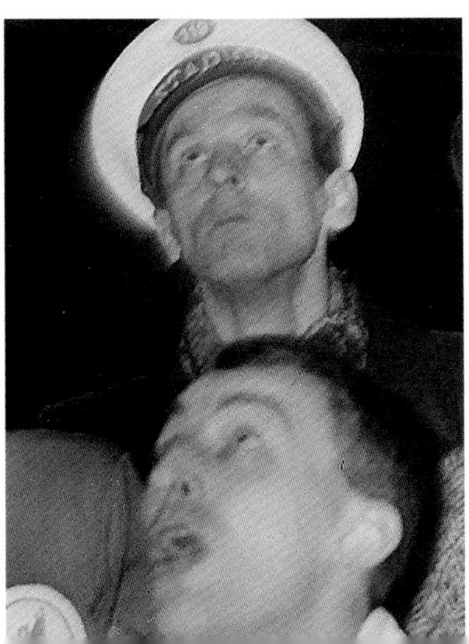

In einem Atemzug mit Beckenbauer

Der VfL Gummersbach gewinnt den Europapokal

19
67

Bis weit in die 1960er-Jahre hinein führte der Handballsport in Deutschland ein Schattendasein – zu groß war die Popularität des Fußballs. Auch die Umstellung vom großräumigen Feldspiel auf das temporeiche und aktionsbetonte Spiel in der Halle konnte das allgemeine Interesse nicht nennenswert steigern.
Dies änderte sich jedoch schlagartig, als die Mannschaft des VfL Gummersbach am 28. April 1967 in der Dortmunder Westfalenhalle das hoch eingeschätzte Team von Dukla Prag mit 17:13 bezwang und damit erstmals den Europapokal der Landesmeister ins Oberbergische holte. Plötzlich war der VfL – und mit ihm der Hallenhandball – „im ganzen Land bekannt", wie die *Kölnische Rundschau* 40 Jahre später in einem Rückblick festhielt. Spitzenspieler wie Hansi Schmidt wurden in einem Atemzug mit Franz Beckenbauer genannt. Und der junge Gerd Müller, der die Gummersbacher angefeuert hatte, gehörte zu den ersten Gratulanten in der Kabine.
Der triumphale Empfang der Mannschaft in Gummersbach ähnelte dem, den die Kölner ihrem FC bereitet hatten, als dieser 1962 erstmals Deutscher Fußballmeister geworden war. Die VfL-Spieler fuhren in VW-Käfer-Cabrios in die Stadt. „Über die ganze Strecke standen Menschen Spalier und jubelten uns zu, die Bürgersteige waren blau-weiß angestrichen", erinnerte sich der damalige Rechtsaußen Jochen Feldhoff später. Laut Vereinschronik feierten 25.000 Anhänger den Sieg.
Der Gewinn des ersten internationalen Titels läutete beim VfL Gummersbach eine Ära des Spitzenhandballs ein. Mit mehr als 25 nationalen und internationalen Titeln gehört er bis heute zu den erfolgreichsten Handballvereinen der Welt. Er brachte echte Spieler- und Trainer-Legenden hervor, vor allem aber hat er den Handballsport in Deutschland groß gemacht.

Hochkarätige regionale Musikkultur

Gründung des Symphonie-Orchesters des Oberbergischen Kreises

1969

Seit mehr als einem halben Jahrhundert überzeugt das Symphonie-Orchester des Oberbergischen Kreises mit einem abwechslungsreichen und hochkarätigen Programm – auch jenseits der Kreisgrenzen. Gegründet wurde es im April 1969 unter dem Namen „Oberbergisches Kreisorchester" von Heinrich Schild (1895 – 1978), seinerzeit Landrat des Kreises und selbst Paukenspieler, um musikbegeisterten Laien ein Forum zu bieten, ihrem Hobby nachzugehen. Vor allem Jugendliche sollten die Möglichkeit haben, Orchestererfahrung zu sammeln. Bis heute wird das Liebhaberorchester vom Kreis unterstützt und steht unter der Schirmherrschaft des jeweiligen Landrats.
Unter dem Dirigenten Gus Anton, der 1991 die musikalische Leitung übernahm, entwickelte sich das Orchester zu einem bedeutenden Faktor im Kulturleben des Oberbergischen. Sein breit gefächertes Repertoire, das von Barock über Klassik, Romantik und Moderne bis zur gehobenen Unterhaltungsmusik reicht, erfreut sich regen Zuspruchs.
Neben der Präsentation musikalischer Spitzenleistungen spielt die Nachwuchsförderung eine wichtige Rolle. Ziel des Kreisorchesters ist es nicht zuletzt, Kinder und Jugendliche für Musik zu begeistern. Jungen Musikerinnen und Musiker, die am Beginn ihrer Karriere stehen, wird in den Konzerten die Möglichkeit geboten, solistisch mit einem Orchester aufzutreten. Diese „Zukunftsarbeit" dürfte zu den schönsten Momenten der Orchestertätigkeit zählen, die von zahlreichen Ehrenamtlichen unterstützt wird.
Seit der Spielzeit 2019/20 setzt der Dirigent Thomas Grote die erfolgreiche Arbeit von Gus Anton fort. Der neue musikalische Leiter unterstützte das Symphonie-Orchesters des Oberbergischen Kreises zuvor bereits jahrelang als Cellist.

Bergische Sympathieträger

Radevormwald im „Spiel ohne Grenzen“

1970

Im Jahr 1970 wurde Radevormwald durch das europäische Fernsehspektakel „Spiel ohne Grenzen“ auf einen Schlag bekannt. Die in Deutschland live ausgestrahlte und von Camillo Felgen und Frank Elstner moderierte Sendung war in den 1960er- und 1970er-Jahren ein echter Straßenfeger. Das Prinzip war einfach: Mannschaften aus europäischen Städten traten zunächst auf nationaler und dann auf europäischer Ebene gegeneinander an und stellten in humorvollen Spielen ihre sportliche Geschicklichkeit unter Beweis.

Bei der nationalen Qualifikation empfing die bergische Stadt am 16. Mai im Stadion am Kollenberg die Mitbewerber aus Bocholt. Nach 75 aufregenden Minuten setzte sich das einheimische Team durch und verwandelte Radevormwald in einen Hexenkessel. Deutschlandweit begeisterten sich viele Menschen für die bergischen Sympathieträger.

Einige Wochen später gewannen die Radevormwalder in Avignon die nächste Runde. Wieder überzeugten sie durch Geschick und Ehrgeiz. Beim großen Finale am 16. September 1970 in der berühmten Arena von Verona traten die Männer und Frauen aus dem Bergischen Land schließlich gegen Teams aus sechs anderen europäischen Ländern an. Europaweit buchstabierten die Fernsehzuschauer erstmals den Namen der Stadt. Zwar reichte es nur zu einem dritten Platz hinter den Teams aus Como (Italien) und Alphen aan den Rijn (Niederlande), doch war die Bilanz dennoch positiv.

Noch heute werden Bewohner Radevormwalds beim Urlaub im Ausland auf die Spielshow angesprochen. Verstärkt wurde das Team damals übrigens von der jungen Leichtathletin Heide Ecker-Rosendahl, die in der bergischen Kleinstadt aufgewachsen war.

Einblick ins Privatleben

Adenauers Haus in Rhöndorf wird öffentlich zugänglich

1970

Als Anfang 1970 publik wurde, dass Konrad Adenauers Wohnhaus in Rhöndorf besichtigt werden könne, war die Resonanz gewaltig. Rund 30.000 Besucher führten die Mitarbeiter in den ersten drei Monaten nach der Eröffnung durch das Haus, in dem der erste Bundeskanzler von 1937 bis zu seinem Tod am 19. April 1967 gelebt hatte. Der enorme Andrang bewies, welch große Verehrung Adenauer auch drei Jahre nach seinem Tod immer noch genoss.

In den Wohnräumen war die Zeit stehen geblieben: Die Einrichtung samt allen persönlichen Dingen war unverändert, und es schien, als habe Adenauer das Haus nur kurz verlassen und könne jeden Moment zurückkommen. Der Einblick in seinen privaten Rückzugsort ließ den Staatsmann sehr menschlich erscheinen. Möglich geworden war dies, weil Adenauers Kinder das Anwesen im Dezember 1967 der Bundesrepublik Deutschland geschenkt hatten. Im Gegenzug verpflichtete sich der Bund, dort eine Gedenkstätte einzurichten.

Damit die zahlreichen Besucher nicht im Freien auf Einlass warten mussten, entstand 1975 am Fuß des Grundstücks ein Empfangsgebäude mit einer Dauerausstellung über das Leben und Wirken Konrad Adenauers.

1976, im Jahr seines 100. Geburtstags, besichtigten 124.000 Menschen das Adenauerhaus – ein Besucherrekord. Die Gedenkstätte ist heute nicht mehr derselbe Publikumsmagnet wie in den 1970er-Jahren. Doch wandeln jährlich immer noch Zehntausende Menschen auf den Spuren des ersten Bundeskanzlers. Das Empfangsgebäude und die Dauerausstellung wurden inzwischen völlig neu gestaltet. Die Wohnräume, die nichts von ihrer Wirkung eingebüßt haben, sind im Rahmen von Führungen zugänglich. Beliebt ist auch Adenauers Garten, den Besucher auf eigene Faust erkunden können.

Kulturschock in der fünften Jahreszeit

Gründung der Bläck Fööss

19
70

Das hatte es im rheinischen Karneval noch nicht gegeben: Wo gut frisierte Damen und Herren mit Narrenkappen unter dem Regime strenger Sitzungspräsidenten schunkelten, betraten plötzlich sechs junge Musiker mit langen Haaren und nackten Füßen die Bühne. Mit E-Gitarren und Verstärkern präsentierten sie Titel, die Alltagsdetails und kölsches Lebensgefühl widerspiegelten und über das Einerlei herkömmlicher Stimmungslieder hinausgingen. War es echte Toleranz oder nur eine Konzession an den Zeitgeist, dass die Bläck Fööss rasch ein gern gesehener Gast bei Karnevalssitzungen wurden? Und dies, obwohl Lieder wie „De Mama kritt schon widder e Kind" oder die Bundeswehrballade „Am Arsch der Welt" traditionellen Karnevalisten eher übel aufstießen? Die Antwort liegt wohl – wie so oft – in der Mitte. Denn ungeachtet ihrer rebellischen Attitüde produzierte die Band schon früh Titel, die inzwischen Evergreens sind, wie „Drink doch eine met" oder „Mer losse d'r Dom en Kölle". Sie rissen damit auch ein Publikum, das im altbackenen Karneval verwurzelt war, von den Sitzen.

Was die 1970 gegründeten und zunächst konkurrenzlosen Bläck Fööss lostraten, kam einem karnevalistisch-musikalischen Kulturschock gleich. Die Musikgruppe, die bis heute in veränderter Besetzung aktiv ist, gilt als „Mutter aller kölschen Bands", weil sie zahlreiche weitere Mundart-Formationen beeinflusste – Höhner, Brings, Paveier, Räuber und BAP, aber auch wilde musikalische Enkel wie Kasalla und Cat Ballou.

Längst sind die Bläck Fööss ein Aushängeschild Kölns und eine musikalische Institution – auch jenseits der Stadtgrenzen. Sie begeistern seit mehr als fünf Jahrzehnten mit einfühlsamen, kritischen Texten und einer beeindruckenden Stilvielfalt.

Tragisches Ende einer Klassenfahrt

Das Zugunglück in Radevormwald

19
71

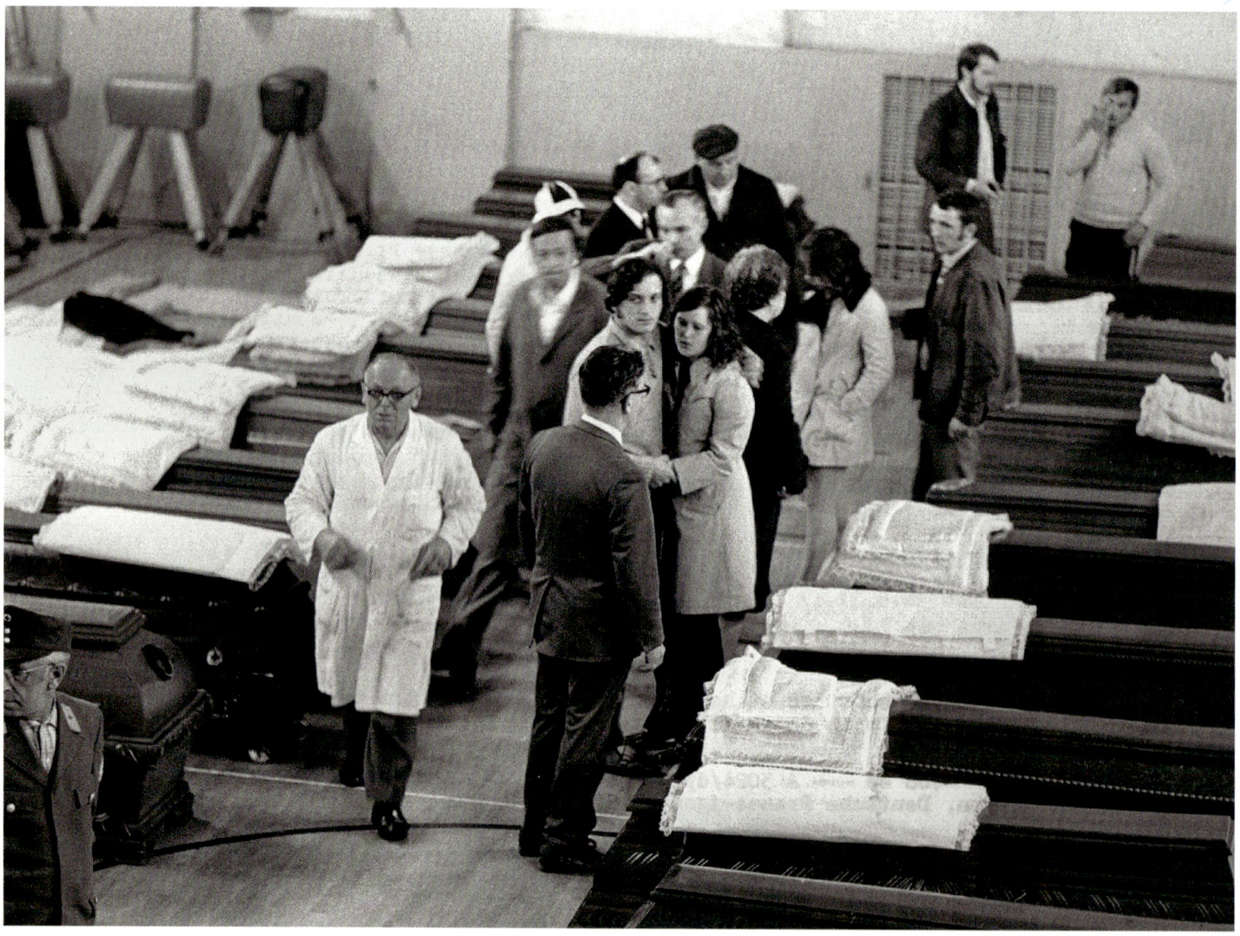

Im Bergischen kennt man das Datum auswendig: Am 27. Mai 1971 stießen bei Dahlerau, einem Ortsteil von Radevormwald, ein Schienenbus mit Beiwagen und ein Güterzug frontal zusammen. Bei dem Zugunglück starben 46 Menschen, darunter 41 Schülerinnen und Schüler der Geschwister-Scholl-Schule, die von einer Klassenfahrt nach Bremen zurückkehrten. 25 Menschen überlebten die Kollision, teilweise schwerverletzt. Das bis dahin schwerste Zugunglück der Bundesrepublik löste großes Entsetzen aus – weit über das Bergische Land und Deutschland hinaus. Aus vielen Ländern trafen Kondolenzbotschaften ein.

Die Mehrzahl der Opfer wurde auf dem Kommunalfriedhof in Radevormwald in einem gemeinsamen Gräberfeld beigesetzt. Zur Beerdigung am 2. Juni 1971 kamen etwa 10.000 Menschen, unter ihnen auch der damalige Bundeskanzler Willy Brandt, Bundesverkehrsminister Georg Leber und Bundesratspräsident Hans Koschnick. Neben den Gräbern stellte man ein vom Bildhauer Hans Gerhard Biermann geschaffenes Kreuz auf mit der Inschrift „Von den vier Winden komme Geist und hauche über diese Toten, damit sie wieder lebendig werden“ (Ez. 37,9).

Die Ermittlungen zur Unfallursache dauerten länger als ein Jahr. Vermutlich hatte es ein Missverständnis zwischen dem Lokführer des Güterzugs und dem Fahrdienstleiter am Bahnhof Dahlerau gegeben. Hergang und Verantwortung ließen sich jedoch nicht hinreichend klären, weil der Fahrdienstleiter kurze Zeit später bei einem Autounfall starb.

Noch heute fällt es Menschen in Radevormwald schwer, über das Unglück zu reden. Bei der Gedenkfeier zum 50. Jahrestag des Unglücks im Jahr 2021 sagte eine Überlebende: „Wir waren Kinder – bis der 27. Mai 1971 kam.“

Magischer Augenblick

Olympiasieg von Ulrike Meyfarth im Hochsprung

1972

Totale Stille herrschte am Abend des 4. September 1972 im Münchner Olympiastadion. Ulrike Meyfarth, eine bis dahin kaum bekannte Schülerin des Gymnasiums Köln-Rodenkirchen, nahm Anlauf und überwand per Fosbury-Flop im zweiten Versuch lässig die Latte, die auf 1,90 Meter lag. Als die 16-jährige Hochspringerin lachend auf der Matte landete, ertönte ohrenbetäubender Jubel. 80.000 Zuschauer feierten die frisch gebackene Olympiasiegerin frenetisch.

Meyfarth hatte erst drei Jahre vor diesem magischen Moment mit dem Hochsprung begonnen. Nach München war die Drittplatzierte der Deutschen Leichtathletik-Meisterschaften lediglich gefahren, um „ein bisschen Olympialuft zu schnuppern", erzählte sie später. Umso größer sei ihre Verwunderung gewesen, als ihr Name auf der Anzeigetafel immer höher stieg. Als ihr Gewinn der Goldmedaille bereits feststand, sprang sie mit 1,92 Meter sogar noch Weltrekord.

Zu ihrem überraschenden Erfolg, der bereits am folgenden Tag vom Anschlag auf das israelische Team überschattet wurde, trug nicht zuletzt ihre jugendliche Unbeschwertheit bei. Bis heute ist Ulrike Meyfarth die jüngste Olympiasiegerin in einer Leichtathletik-Einzeldisziplin. Nach mancherlei Rückschlägen konnte sie ihren Triumph 1984 in Los Angeles mit 2,02 Meter wiederholen – inzwischen war sie 28 und damit die bis dahin älteste Hochsprung-Olympiasiegerin.

Die diplomierte Sportlehrerin, die seit ihrer Heirat 1987 Ulrike Nasse-Meyfarth heißt, beendete nach dem Gewinn der zweiten Goldmedaille ihre Karriere als Leistungssportlerin. Sie lebt in Odenthal, ist vielfach ehrenamtlich engagiert und war viele Jahre lang beim TSV Bayer 04 Leverkusen als Trainerin und Talentscout tätig.

1
2

„Größtes Loch Europas“

Beginn der Abbauarbeiten im Tagebau Hambach

1978

Superlative sind im Rheinland keine Seltenheit. Rekordverdächtig ist nicht nur der Kölner Dom mit seiner Bauzeit von 632 Jahren, sondern auch der Tagebau Hambach: Mit seiner Fläche von etwa 4500 Hektar ist er Deutschlands größter Tagebau und wird auch gern als „größtes Loch Europas" bezeichnet. Er weist inzwischen die überaus beachtliche Tiefe von 411 Metern unter Geländekante auf, und seine Bagger sind die größten Landmaschinen der Welt.

Die Erschließung des Tagebaus Hambach, der sich von Niederzier im Kreis Düren nach Osten bis Elsdorf im Rhein-Erft-Kreis erstreckt, begann im September 1978 in der Nähe der gleichnamigen Ortschaft. Um die mehr als 150 Meter tief liegende Kohle zu gewinnen, mussten zunächst mehr als 15 Milliarden Tonnen sogenannter Abraum entfernt werden. Ein Teil davon wurde verwendet, um ab 1978 die Sophienhöhe aufzuschütten – einen 200 Meter hohen künstlichen Berg, der weithin sichtbar ist. Er bietet wie weitere Aussichtspunkte am Rand des Tagebaus einen eindrucksvollen Blick auf die gigantisch-monströs anmutende Landschaft.

Die mit dem Braunkohleabbau verbundene Zerstörung von Natur und Umwelt sowie die Umsiedlung Tausender Menschen aus Ortschaften mit teilweise mehr als tausendjähriger Tradition haben den Tagebau Hambach zum Gegenstand heftiger Kontroversen werden lassen. Der Betreiber des Tagebaus, RWE Power, verspricht hingegen, durch die teilweise bereits eingeleitete Rekultivierung eine attraktive neue Landschaft zu schaffen. Geplant ist unter anderem, einen neuen 40 Quadratkilometer großen See anzulegen. Er soll ab 2030 mit Rheinwasser befüllt werden, das über eine unterirdische Rohrleitung in die Grube geleitet wird.

Neuanfang mit Kultur

Die Abtei Brauweiler wird umgestaltet

19
79

Erst Bettleranstalt, dann Arbeitsanstalt, später Konzentrationslager und Gestapo-Gefängnis, dann Nothilfelager, erneut Arbeitsanstalt und schließlich ein von Skandalen erschüttertes psychiatrisches Landeskrankenhaus – lang ist die Liste der Nutzungen, die der ehemaligen Abtei Brauweiler ein höchst negatives Image bescherten. Erst als der Träger des Krankenhauses, der Landschaftsverband Rheinland (LVR), den Klinikbetrieb im Mai 1978 einstellte, wurde ein Neuanfang möglich, der zugleich an das kulturelle Erbe des 1802 aufgelösten Benediktinerklosters anknüpft.
Nachdem bereits einige Kulturdienststellen des LVR von Köln und Bonn nach Brauweiler umgezogen waren, wurde 1979 die Restaurierung der Abtei in Angriff genommen. Dabei versetzte man die Klosteranlage, die im 19. Jahrhundert durch preußische Bauten ergänzt worden war, wieder in ihren barocken Zustand. Etliche ehemalige Gebäude der Arbeitsanstalt und des Landeskrankenhauses verschwanden durch Abriss – so auch das berüchtigte, 1959/60 im heutigen Park erbaute „Haus D“, ein gefängnisähnlicher Krankenhausbau.
Die Baumaßnahmen, die maßgeblich dem damaligen Vorsitzenden des LVR-Kulturausschusses Karlheinz Gierden (1926 – 2022) zu verdanken sind, sollten sich lohnen. 1990 zeichneten das Land Nordrhein-Westfalen und die Architektenkammer NRW die Abtei Brauweiler als „vorbildliches Bauwerk“ aus. Heute wird die einstige Klosteranlage als Kultur- und Dienstleistungszentrum des LVR genutzt und beherbergt unter anderem Künstlernachlässe. Sie ist über das Rheinland hinaus für Musikfestivals und andere Kulturveranstaltungen bekannt. Teile des historischen Gebäudekomplexes können besichtigt werden. Eine Gedenkstätte informiert über die Geschehnisse in der NS-Zeit.

Von der UNESCO geadelt

Die Brühler Schlösser werden Weltkulturerbe

19
84

In Nordrhein-Westfalen gibt es derzeit sechs Stätten, die sich mit der begehrten Auszeichnung Weltkulturerbe schmücken können. Es begann 1978, als die UNESCO mit dem Aachener Dom erstmals eine deutsche Welterbestätte kürte. 1984 konnte sich Nordrhein-Westfalen erneut freuen: Die Kulturorganisation der UNO nahm die Brühler Schlösser Augustusburg und Falkenlust in ihre Liste auf. Der Kölner Dom wurde hingegen erst zwölf Jahre später als universell wertvoll eingestuft.

Ausgezeichnet wurden das Residenzschloss Augustusburg und das Jagdschloss Falkenlust als herausragende Beispiele für die Rokoko-Architektur des 18. Jahrhunderts, die vielen fürstlichen Höfen als Vorbild diente. In ihrer Begründung würdigte die UNESCO nicht zuletzt das von Balthasar Neumann geschaffene Treppenhaus in Schloss Augustusburg als ein „Werk genialer Schöpferkraft". Außer den beiden Schlössern zählen auch die historischen Gärten und Parkanlagen zum Weltkulturerbe. Bauherr des Ensembles war der Kölner Kurfürst und Erzbischof Clemens August (1700 – 1761), der 1725 Schloss Augustusburg und 1729 Schloss Falkenlust in Auftrag gab. Er verpflichtete Architekten und Künstler von europäischem Rang, denen es gelang, ein prächtiges Gesamtkunstwerk zu schaffen.

In der „Bonner Republik" wurde Schloss Augustusburg für Staatsempfänge genutzt. So waren dort unter anderem Queen Elizabeth II., Michail Gorbatschow und Nelson Mandela zu Gast. Die Schlösser und Außenanlagen sind öffentlich zugänglich und werden jedes Jahr von mehr als 100.000 Menschen besucht. Zur Popularität beigetragen haben neben dem Welterbestatus auch die Brühler Schlosskonzerte, die dort seit 1958 jedes Jahr stattfinden. Ihr Hauptspielort ist das berühmte Treppenhaus von Schloss Augustusburg.

Heimliches Wappentier

Einweihung des Eselsbrunnens in Königswinter

19 84

Das Glück der Erde liegt in Königswinter nicht auf dem Rücken der Pferde, sondern auf dem der Esel. Sie trugen jahrzehntelang unzählige Touristen aus nah und fern den steilen Weg hinauf zum Drachenfels oder zu anderen Zielen im Siebengebirge und bereiteten den Besuchern ein vergnügliches und kräfteschonendes Reise- und Reitabenteuer. An diese Tradition, die den Esel zum heimlichen Wappentier von Königswinter werden ließ, erinnert seit Juni 1984 der „Eselsbrunnen" am Rheinufer. Die Bronzeplastik des Bildhauers Ernemann Sander (1925 – 2020) zeigt zwei Esel auf einem Sockel, der von drei Brunnen eingefasst wird.
Die wichtige Bedeutung der charakterstarken Vierbeiner für die Menschen im Siebengebirge ist jedoch viel älter: In früheren Jahrhunderten transportierten die Esel Steine aus den örtlichen Steinbrüchen zum Verschiffen an den Rhein. Nach der Stilllegung der Steinbrüche wurde die mühselige Arbeit für die Tiere nicht weniger: Statt schwerer Steine mussten sie bereits im frühen 19. Jahrhundert schwere Touristen den Drachenfels hochschleppen, die vom Rhein und dem wildromantischen Siebengebirge magisch angezogen wurden. Das florierende Geschäft verstärkte sich noch, als im 20. Jahrhundert der Massentourismus aufkam. Bis heute prägen die Eselritte zum Drachenfels die Erinnerung vieler Menschen an ihre Ausflüge ins Siebengebirge.
Wegen zeitweiliger Steinschlaggefahr auf dem „Eselsweg" und nicht zuletzt aus Tierschutzgründen wurden die Reittouren, die lange ein unverwechselbares und werbewirksames Element des örtlichen Tourismus waren, inzwischen weitgehend eingestellt. Nur Kinder, die nicht mehr als 40 Kilogramm wiegen, können den Drachenfels noch auf dem Rücken eines Esels erklimmen.

Bergischer Wasserspeicher

Fertigstellung der Großen Dhünntalsperre

1985

Mit Veranstaltungen und Wandertipps unter dem wortspielerischen Motto „UnverDHÜNNt" macht der Wupperverband auf ein technisches Glanzstück und Naturjuwel aufmerksam, das in der Region lange Zeit kaum zur Kenntnis genommen wurde: die Große Dhünntalsperre. Gelegen zwischen Wermelskirchen, Wipperfürth, Kürten und Odenthal ist sie die größte Trinkwassertalsperre im Westen Deutschlands.
Die nach ihrem Hauptzufluss Große Dhünn benannte Talsperre entstand zwischen 1975 und 1985 als Erweiterung einer Talsperre aus den 1960er-Jahren. Um das vorgesehene Stauvolumen von 81 Millionen Kubikmeter Wasser der neuen Anlage zu erreichen, mussten rund 210 Menschen ihre Höfe, Mühlen und Dörfer im Dhünntal verlassen, weil diese teilweise oder ganz in den Fluten des neu entstehenden Speichersees versanken.
Möglich wurde die Stauung durch eine 400 Meter lange und 63 Meter hohe Mauer, die im Kern bis heute aus Asphaltbeton besteht. Weitere technisch bemerkenswerte Vorrichtungen sind ein 66 Meter hoher Rohwasserentnahmeturm und ein Hochwasserentlastungsturm zur Wasserregulierung bei Höchstständen.
Die Große Dhünntalsperre versorgt seit 1985 mehr als 500.000 Menschen im Bergischen Land mit Trinkwasser. Bei ihrem Bau wurden bereits gezielt ökologische Aspekte berücksichtigt. So ist sie von einem rund 100 Meter breiten Schutzwald umgeben, der eine große Artenvielfalt aufweist und von Spaziergängern nicht betreten werden darf. Mehr als 80 Vogelarten brüten dort, von denen viele auf der Roten Liste stehen. Die Umgebung der Talsperre hat sich längst vom Geheimtipp zu einem beliebten Ausflugsziel entwickelt. Ein „UnverDHÜNNt"-Wanderweg führt über die Staumauer der Großen Dhünntalsperre, ein zweiter umrundet die erste Talsperre aus den 1960er-Jahren, die heute eine Vorsperre ist.

Beliebte Adresse für Wunschzettel

In Engelskirchen wird eine „Christkindpostfiliale“ eröffnet

19 85

Die Frage, wo das Christkind eigentlich wohnt, beschäftigt viele Kinder. Wohin soll man den Wunschzettel schicken, wenn man keine Adresse hat? Die Deutsche Post zeigte Verständnis für dieses Problem: Als 1985 im Postbetrieb Briefe auftauchten, die „An das Christkind bei den Engeln" adressiert waren, wandte man sich hilfesuchend an die Postfiliale in Engelskirchen, weil der Name des Orts so gut passte. Dort fand sich eine Mitarbeiterin, die die Briefe öffnete und persönlich beantwortete.
Es war die Geburtsstunde der örtlichen „Christkindpostfiliale", die inzwischen eine offizielle Adresse mit eigener Postleitzahl hat: „An das Christkind, 51777 Engelskirchen". Sie beschert der bergischen Gemeinde in der Vorweihnachtszeit waschkörbeweise Post. Die oft kunstvoll gebastelten Briefe der Kinder enthalten große und kleine Wünsche – von Spielzeug über eine gute Fee bis hin zu Gesundheit und Frieden. Ehrenamtliche Helferinnen und Helfer beantworten jeden der rund 150.000 Briefe, die jedes Jahr vor Weihnachten in Engelskirchen eingehen. Sie kommen aus mehr als 50 Ländern, darunter China, Japan, Taiwan, Chile, Brasilien und Togo. In den Antwortbriefen berichtet das Christkind über seine Arbeit, die Vorbereitungen auf Weihnachten und gibt Basteltipps.
Die im LVR-Industriemuseum untergebrachte Christkindpostfiliale ist nicht die älteste, aber die beliebteste der insgesamt sieben Weihnachtspostfilialen der Deutschen Post. Die übrigen sind in Himmelpfort, Himmelsthür, Himmelpforten, Himmelstadt, Nikolausdorf und St. Nikolaus. Für die Angestellten der Post in Engelskirchen gehört die Beschäftigung mit den Christkindbriefen in der Vorweihnachtszeit zu den schönsten Seiten ihrer Tätigkeit.

Kunst über den Dächern

Das Käthe Kollwitz Museum wird ins Leben gerufen

1985

In der Kölner Museumslandschaft stellt es eine Besonderheit dar: das Käthe Kollwitz Museum am Neumarkt. Es ist das einzige, das allein einer Künstlerin gewidmet ist. Außergewöhnlich ist auch, dass es von der Kreissparkasse Köln getragen wird. Warum sich das Kreditinstitut so stark für Käthe Kollwitz (1867 – 1945) engagiert, erklärte der damalige Vorstandsvorsitzende Hans-Joachim Möhle bei der Museumsgründung 1985: „Eines der beherrschenden Themen bei Käthe Kollwitz ist Arbeit und Not. Hier haben auch die Sparkassen, kommunale und freie, ihre Wurzeln."

Heute verfügt das Museum über die weltweit umfangreichste Kollwitz-Sammlung. Sie umfasst Zeichnungen, Druckgrafiken, Plakate, Buchgrafiken und Plastiken, darunter die berühmtesten Werkzyklen der Künstlerin wie „Ein Weberaufstand", „Bauernkrieg" oder „Krieg".

In den ersten Jahren war das Museum – damals noch als „Käthe-Kollwitz-Sammlung der Kreissparkasse Köln" – provisorisch im Verwaltungstrakt der Hauptstelle untergebracht. Anfang 1989 konnten im 4. Obergeschoss der Neumarkt-Passage neue Räume bezogen werden, die vom Architekten Hans Schilling entworfen wurden und über einen gläsernen Aufzug inmitten eines Lichthofs erreichbar sind. Seitdem ist auf 1000 Quadratmetern Ausstellungsfläche eine optimale Präsentation der Sammlung nach zeitgemäßen konservatorischen Gesichtspunkten gewährleistet.

Die ungewöhnlichen und von außen kaum wahrnehmbaren Räumlichkeiten des Käthe Kollwitz Museums sind ein Ort der Ruhe und Besinnung. Nirgends kann man der außergewöhnlichen Zeichnerin, Grafikerin und Bildhauerin besser nahekommen als über den Dächern des Neumarkts, abseits des geschäftigen Treibens im Herzen der Stadt.

Kölsch braut man da, wo man es spricht

Unterzeichnung der „Kölsch-Konvention"

19
86

Es ist kaum zu glauben: Vor dem Zweiten Weltkrieg hatte Kölsch nur einen Anteil von etwa 30 Prozent am Bierkonsum in Köln. Das helle, obergärige, blank-gefilterte und hopfenbetonte Vollbier wurde erst nach 1945, insbesondere seit den 1960er-Jahren populär. Wer weiterhin ein helles untergäriges Bier wie Pils oder Export vorzog, musste sich in Köln immer öfter ein mitleidiges Lächeln gefallen lassen. Inzwischen ist das vom „Zappes" in „Stangen" gefüllte und vom „Köbes" im „Kranz" servierte Kölsch ein bekanntes Markenzeichen der Stadt und ihrer speziellen Brauhaus- und Trinkkultur.
Um diesen Erfolg dauerhaft zu sichern, unterzeichneten die Chefs von 24 Kölsch-Brauereien am 6. März 1986 im Hotel Excelsior die sogenannte Kölsch-Konvention. Dieses in der deutschen Bierbranche einmalige Dokument legt fest, dass nur in Köln beheimatete Brauereien Kölsch brauen und vertreiben dürfen, mit Ausnahme der Betriebe, die schon seit jeher Kölsch herstellten, auch wenn sie nicht in der Stadt ansässig waren. Vorausgegangen waren mehrere Gerichtsurteile, die entschieden, dass Kölsch nicht nur eine Biersorte, sondern auch eine geografische Herkunftsbezeichnung sei.
Seit 1997 ist Kölsch durch EU-Recht als regionale Spezialität geschützt. Es kann zwar auch andernorts nach kölscher Brauart hergestellt werden, darf dann aber nicht Kölsch genannt werden. Diese Regelung führte zu lokalen Wortschöpfungen wie Bönnsch in Bonn oder Mölmsch in Mülheim an der Ruhr. Sie beziehen sich unverkennbar auf das Kölner Vorbild und bestätigen damit indirekt das identitätsstiftende Potenzial der Bezeichnung Kölsch. Jüngste Kreation ist das im österreichischen Wintersportort Sölden gebraute Sölsch, das – wie könnte es anders sein – vor allem bei Touristen aus dem Rheinland beliebt ist.

Mittelalterliches Juwel

Blankenberg wird unter Denkmalschutz gestellt

1987

HAUS
SONNEN-
SCHEIN

Der kleine, hoch über der Sieg gelegene Ort Blankenberg ist ein sehenswertes Kleinod und zugleich ein Kuriosum: Er zählt innerhalb seiner mittelalterlichen Mauern kaum 200 Einwohner, darf sich aber „Stadt" nennen, weil er bis zur Eingemeindung nach Hennef im Jahr 1934 fast 700 Jahre lang eigenständig war. Die neben der gleichnamigen Burg gelegene Siedlung hatte 1245 die Stadtrechte bekommen.
Heute ist Blankenberg ein Geheimtipp für alle Ausflügler, die sich für das Mittelalter und für Fachwerkarchitektur interessieren. Wegen seines guten Erhaltungszustands wurde der Ortskern mit seinen zahlreichen Häusern aus dem 17. bis 19. Jahrhundert im Jahr 1987 unter Denkmalschutz gestellt. Besonders sehenswert sind die beiden imposanten mittelalterlichen Stadtmauertürme: Im Katharinenturm am südlichen Haupttor ist das Heimatmuseum von Blankenberg untergebracht.
Die Geschichte des Orts ist von Gegensätzen und Widersprüchen geprägt. Während die Lage von Burg und Siedlung auf einem schwer zugänglichen Felssporn im kriegerischen Mittelalter von Vorteil war, erwies sie sich später als ungünstig. Da die Hauptstraße abseits im Tal verlief, waren nicht Handel und Gewerbe die wichtigsten Einkommensquellen der Stadt, sondern Ackerbau und Weinbau. Auch die geografische und historisch-politische Zuordnung ist bemerkenswert: Obwohl Blankenberg südlich der Sieg und damit bereits im Westerwald liegt, war der Ort jahrhundertelang Sitz eines gleichnamigen bergischen Amtsbezirks nördlich des Flusses.
Geschichtsfreunde und Reiseschriftsteller erkannten bereits im 19. Jahrhundert den architektonischen Reiz und historischen Wert der Stadt. Seit 1987 sorgt der Denkmalschutz dafür, dass dieses mittelalterliche Juwel erhalten bleibt.

Heimatgeschichte zu Wasser

Der Aalschokker Aranka wird als Denkmal anerkannt

19
91

Unübersehbar liegt es in einem alten Rheinarm in Bad Honnef vor Anker: das Segelschiff Aranka, das an die große Tradition der Aalfischerei in der Region erinnert. Die 1917 erbaute Aranka war bis in die späten 1980er-Jahre im Einsatz. Inzwischen ist der letzte Aalschokker des Mittelrheins zum Wahrzeichen von Bad Honnef geworden und seit 1991 als bewegliches Denkmal anerkannt.
Die in Holland entwickelte Aalschokker-Fischerei hat nichts mit Schockwellen zu tun, sondern bezeichnet eine Fangmethode, die im frühen 20. Jahrhundert aufkam und die am Rhein bis dahin üblichen stationären Reusen ablöste. Dabei wurde ein Schiffstyp verwendet, der seinen Namen der Insel Schokland in der Zuidersee verdankt. Mit den Schokkern war es möglich, riesige, 78 Quadratmeter große Fangnetze auszulegen und viele Aale auf einmal zu fangen. Die Fische ließen sich auf dem Schiff für längere Zeit in großen Bassins aufbewahren, die vom fließenden Rheinwasser durchspült wurden. Ein täglicher Landgang des Fischers zum Verkauf des Fangs war nicht mehr erforderlich – ein untrügliches Zeichen für die allmähliche Industrialisierung in der Branche.
Als sich der Aalfang nicht mehr lohnte und die Fischerfamilie Jansen die Aranka 1990 verkaufen wollte, starteten engagierte Bürger um den Unternehmer Helmut Kloss eine Spendenaktion. Dank zusätzlicher Förderung durch den Landschaftsverband Rheinland und die NRW-Stiftung konnte das Schiff nicht nur gekauft, sondern auch grundlegend restauriert werden. In der Kajüte unter Deck wurde ein kleines Museum eingerichtet, das über die Geschichte der Aranka und der Aalfischerei informiert. Die regelmäßig anfallenden Wartungsarbeiten am Schiff werden durch Aalkönigfeste finanziert, die 2003 ins Leben gerufen wurden.

Vom kleinen zum großen Geschäft

In Hürth-Kalscheuren nimmt das erste TV-Studio den Betrieb auf

1991

Eigentlich war es reiner Zufall: 1990 suchte Adam Musialik, damals Produktionsleiter des aufstrebenden Privatsenders RTL, im Kölner Umland nach Räumlichkeiten für neue TV-Studios. Für eine Pinkelpause – so wird kolportiert – legte er einen Zwischenstopp in Hürth-Kalscheuren ein. Eine Industriebrache mit abrissreifen Hallen erwies sich als geeignet – nicht nur für das „kleine Geschäft". Eigentümer des Areals war ein Hürther Kranunternehmer, mit dem sich Musialik schon bald darauf einigte, eine Lagerhalle instand zu setzen und sie samt einem Nebengebäude für drei Studios zu nutzen. Niemand konnte ahnen, dass sich der Hürther Ortsteil mit seinen nicht einmal 1000 Einwohnern zu einem der bedeutendsten deutschen TV-Produktionsstandorte mit millionenschweren Umsätzen entwickeln würde.

Bereits am 10. März 1991 ging die „Peter Kraus Musikrevue" erstmals in Hürth auf Sendung. Zuvor war die Magic Media Company (MMC), heute MMC Studios Cologne, als Betreibergesellschaft aus der Taufe gehoben worden. Auf dem rund 100.000 Quadratmeter großen Produktionsgelände entstanden in der Folge 18 Studios und sieben Regieräume. Schon bald gingen im Hürther Hollywood Stars und Sternchen ein und aus. TV-Größen wie Hans Meiser, Ilona Christen und Bärbel Schäfer produzierten hier ihre Sendungen. Auch Formate wie „Big Brother", „Alles Nichts Oder?!" mit Hugo Egon Balder und Hella von Sinnen oder Rudi Carrells „7 Tage – 7 Köpfe" wurden lange mit Hürth verbunden.

Da Ende der 1990er-Jahre keine Erweiterung der Studios mehr möglich war, verlagerten sich die MMC-Produktionen zunehmend in das 1999 eröffnete Coloneum in Köln-Ossendorf. In Hürth ist die TV-Branche nach wie vor vertreten, aber nicht mehr so dominant wie während des Booms.

Kultureller Dialog

Der Rheinisch-Bergische Kreis startet das Forum Ostwest

19
92

Kulturelle Begegnungen mit Polen und dessen Nachbarländern stehen im Mittelpunkt einer Veranstaltungsreihe, die das Kulturamt des Rheinisch-Bergischen Kreises gemeinsam mit weiteren Partnern alle zwei Jahre organisiert. Das Forum Ostwest entwickelte sich zu Beginn der 1990er-Jahre aus den Bergisch-Schlesischen Musiktagen und findet inzwischen weit über die Region hinaus Beachtung.

Um den Dialog zu fördern, werden Wissenschaftler und Künstler verschiedener Sparten, aber auch Kinder und Jugendliche aus den östlichen Nachbarstaaten zu Konzerten, Lesungen, Ausstellungen, Vorträgen und Workshops eingeladen. Der Begegnungs- und Werkstattcharakter der Veranstaltungsreihe wird dadurch unterstützt, dass die Gäste bei Familien untergebracht sind und vor Ort gemeinsame Projekte mit Künstlern und Jugendlichen aus der Region entwickeln. So finden zum Beispiel regelmäßig Orchesterworkshops statt, bei denen Schülerinnen und Schüler der Musikschulen Leichlingen, Wermelskirchen und Tychy ein Programm erarbeiten, das bei einem Abschlusskonzert präsentiert wird. 2021 widmete sich das Forum mit Ausstellungen, einer Filmreihe, Puppentheater, einer Lesung und einer Podiumsdiskussion der Geschichte und Vielfalt jüdischen Lebens in Ost und West.

Das grenzüberschreitende Kulturprojekt unterstreicht seit 1992 die Bedeutung regionaler Initiativen für ein verstärktes europäisches Miteinander. Indem das Forum weniger die politischen Institutionen als vielmehr die Menschen vor Ort in den Mittelpunkt rückt, erfüllt es den Verständigungs- und Einigungsprozess mit Leben und trägt zum gegenseitigen Verständnis bei. Nicht zuletzt ist es auch ein bemerkenswertes Indiz für die Weltoffenheit des Rheinisch-Bergischen Kreises.

Land unter an Heiligabend

Das Jahrhunderthochwasser am Rhein

19
93

Buchstäblich ins Wasser fiel das Weihnachtsfest im Jahr 1993 an Rhein, Mosel, Nahe, Neckar und Saar. Ein Jahrhunderthochwasser machte in vielen Städten Evakuierungen unausweichlich. Es entstand ein großer Sachschaden, und mehrere Menschen starben in den Fluten.
In Köln erreichte das sogenannte Weihnachtshochwasser am 24. Dezember seinen Höhepunkt. Die Spundwände im Bereich der Altstadt hielten damals einem Pegelstand von zehn Metern stand. Weil dieser aber an Heiligabend 10,63 Meter erreichte, wurden Teile der Altstadt und Südstadt, aber auch Stadtteile wie Rodenkirchen und Kasselberg überflutet. Auslöser des Hochwassers waren große Niederschlagsmengen im Einzugsgebiet des Rheins in der ersten Dezemberhälfte. Weil die Böden in den Mittelgebirgen das Regenwasser nicht mehr aufnehmen konnten, stiegen zunächst die Wasserstände von Mosel, Nahe, Neckar und Saar stark an, die dann zu einer Hochwasserwelle des Rheins führten. In Nordrhein-Westfalen waren außer Köln auch Königswinter, Bonn, Düsseldorf sowie weite Teile des Niederrheins betroffen.
Nur knapp 14 Monate später herrschte in der Region erneut Ausnahmezustand. Am 30. Januar 1995 wurden am Kölner Pegel 10,69 Meter gemessen. Wieder stand die Altstadt unter Wasser. Die Schäden waren jedoch geringer als 1993, da bereits einige neue Schutzmaßnahmen umgesetzt worden waren. Die beiden Jahrhunderthochwasser waren Anlass, das Schutzkonzept für Köln komplett zu überarbeiten. Der Hochwasserschutz wurde auf einer Länge von 60 Kilometern komplett erneuert. Heute ist die Kölner Altstadt bis zu einem Pegelstand von 11,30 Meter geschützt.

Publikumsmagnet im Rheinauhafen

Gründung des Schokoladenmuseums in Köln

19
93

Bereits in den 1970er-Jahren hatte der Schokoladenfabrikant Hans Imhoff (1922 – 2007) die Idee, ein Museum zu gründen. Anlass waren alte Maschinen und Verpackungsmaterialien, auf die er gestoßen war, als er 1972 die traditionsreiche Stollwerck-Schokoladenfabrik in der Kölner Südstadt übernommen hatte. Sein Vorhaben stieß jedoch zunächst auf Skepsis oder wurde gar spöttisch belächelt.
Imhoffs Traum erfüllte sich schließlich 1993, als das Schokoladenmuseum auf der Halbinsel im Rheinauhafen seine Pforten öffnete. Der Neubau, der das denkmalgeschützte ehemalige Hauptzollamt einbezieht, gleicht einem Schiff und wurde zu einer Landmarke am Rheinufer. Mit seinen jährlich rund 600.000 Besuchern ist das Haus ein Publikumsmagnet und trägt sich selbst – eine Ausnahme in der Museumswelt.
Auf mehr als 4000 Quadratmetern wird die Geschichte des Kakaos und der Schokolade erzählt und der Herstellungsprozess in allen Einzelschritten vorgeführt. Dabei legt man großen Wert darauf, dass die Besucher selbst fühlen, riechen und schmecken können. So erhalten alle eine kleine Waffel, die zuvor in einen Brunnen getaucht wurde, aus dem flüssige Schokolade fließt. Der drei Meter hohe Schokoladenbrunnen – heute eine Hauptattraktion des Museums – war ebenfalls eine Idee von Hans Imhoff und beweist, dass er schon früh den richtigen „Riecher" hatte.
Das Haus bietet nicht nur viel Wissenswertes zum Thema Kakao und Schokolade, es ist auch als Veranstaltungsort beliebt. Selbst für diplomatische Zwecke wurde es bereits genutzt: Während des G8-Gipfels 1999 dinierten die Außenminister der sieben wichtigsten Industrienationen und Russlands in der Beletage des Museums.

Weltmeister aus Kerpen

Michael Schumacher gewinnt erstmals die Formel 1

19
94

Seine Titelserie begann nicht an einer Ziellinie, sondern in einem Reifenstapel: Am 13. November 1994 kollidierte Michael Schumacher beim Saisonfinale im australischen Adelaide mit Damon Hill, der nur einen WM-Punkt hinter ihm lag, und landete im Aus. Sein Rivale fuhr zunächst weiter, musste dann aber wegen technischer Probleme aufgeben. Der neue Formel-1-Weltmeister hieß Michael Schumacher. Der 25-jährige Kerpener war damit der erste Deutsche, der die Königsklasse des Automobilsports gewonnen hatte.

Der gelernte Kfz-Mechaniker, der für Benetton-Ford fuhr, hatte bereits zu Beginn der Saison dreimal hintereinander gewonnen. Seine Erfolgsserie wurde jedoch schon bald vom Unfalltod seines Hauptkonkurrenten Ayrton Senna beim Rennen in Imola überschattet. Mit dem britischen Williams-Piloten Hill heftete sich dann ein neuer Rivale an seine Fersen. Zudem sah sich Schumacher vermehrt Problemen mit der Technik und Diskussionen über Regelwidrigkeiten ausgesetzt.

Dem ersten WM-Titel sollten sechs weitere folgen (1995, 2000, 2001, 2002, 2003, 2004), die den Ruhm Michael Schumachers begründeten. Sein Name wird mit fahrerischer Extraklasse, aber auch mit zahlreichen Kontroversen in Verbindung gebracht. Der 1969 in Hürth geborene Rennfahrer sammelte seine ersten Erfahrungen auf der berühmten Kartbahn in Kerpen, die als Talentschmiede gilt. Auch die Nähe zum Nürburgring ist ein Grund dafür, dass die rheinische Region viele Motorsportler hervorgebracht hat. Neben den drei „Schumis" (Michael, Ralf und Mick Schumacher) seien Rudolf Caracciola (1901 – 1959), Wolfgang Graf Berghe von Trips (1928 – 1961), Rolf Stommelen (1943 – 1983), Hans Heyer, Klaus Ludwig, Heinz-Harald Frentzen und Nick Heidfeld genannt.

Unternehmerische Starthilfe

Gründung des Rheinisch-Bergischen Technologiezentrums

1994

Von Ende der 1950er-Jahre bis 1994 hatte das Unternehmen Interatom seinen Sitz in Bergisch Gladbach. Es beschäftigte dort bis zu 1800 Techniker und Wissenschaftler, die unter anderem mit dem Bau des Schnellen Brüters in Kalkar befasst waren. Als klar wurde, dass dieser nicht in Betrieb gehen würde, wurde die 1991 in die Siemens AG eingegliederte Firma mitsamt ihrem Standort Bergisch Gladbach aufgegeben. Das etwa zwölf Hektar große Firmengelände am Bockenberg im Stadtteil Moitzfeld drohte zur Industriebrache zu werden. Doch dann konnte ein privater Investor gefunden werden, der das Areal kaufte und in einen Technologiepark umwandelte. Seither können Technologieunternehmen dort Gebäude samt Infrastruktur anmieten.
Parallel dazu gründeten die Stadt Bergisch Gladbach, der Rheinisch-Bergische Kreis, die Kreissparkasse Köln und die Industrie- und Handelskammer zu Köln 1994 das Rheinisch-Bergische Technologiezentrum, das im Technologiepark angesiedelt ist. Es bietet erfolgversprechenden Existenzgründern in der Startphase gesonderte, bedarfsgerechte Räumlichkeiten, unternehmerische Beratung, Unterstützung und Qualifizierung. Zudem vermittelt es Kontakte zu regionalen Netzwerken, Verbänden, Hochschulen und anderen Unternehmen. Ziel ist es, dass sich die erfolgreichen Gründer in größeren Räumlichkeiten innerhalb des Technologieparks oder andernorts im Rheinisch-Bergischen Kreis ansiedeln.
Dieses duale Konzept hat sich als erfolgreich erwiesen: Einschließlich der Mieter im Rheinisch-Bergischen Technologiezentrum sind heute etwa 90 Unternehmen mit insgesamt rund 2000 Beschäftigten im Technologiepark ansässig. Von den gut 800 Gründungsvorhaben, die das Technologiezentrum geprüft hat, sind mehr als 300 zur Gründung gelangt.

Spannende Zeitreise

Eröffnung des LVR-Freilichtmuseums Lindlar

19
98

Obstwiesenta
Adler 5 – 6

Sattlerei

Die Idee des Freilichtmuseums stammt aus Skandinavien. Dort wurden Ende des 19. Jahrhunderts erstmals alte Häuser in Museumsdörfer versetzt, um das Leben in vergangenen Zeiten zu veranschaulichen. In Deutschland wurde dieses Konzept in den 1950er- bis 1970er-Jahren populär und führte zu vielen Gründungen. Das erst 1998 eingerichtete LVR-Freilichtmuseum Lindlar ist eines der jüngsten und konzeptionell modernsten seiner Art.
Idyllisch eingebettet in Wiesen und Felder, vermittelt das 25 Hektar große Gelände am Ortsrand einen Eindruck vom Lebensalltag der Menschen im Bergischen Land in früheren Jahrhunderten. Präsentiert werden Höfe, Wohnhäuser und Werkstätten wie Schmiede, Seilerei oder Sattlerei. Zu sehen sind aber auch Gärten und kleinteilige Äcker, die ganz traditionell mit Pferd und Pflug bewirtschaftet werden.
Die entspannte Aura, die das Freilichtmuseum umgibt, lässt nicht ahnen, dass seiner Gründung jahrelange Auseinandersetzungen vorausgingen. Von Steuerverschwendung war die Rede, von einem drohenden bergischen „Phantasialand" mit Autolärm und Massentourismus.
Der ursprünglich vorgesehene Standort im malerisch gelegenen Heibachtal musste aufgegeben werden, weil dieses Gebiet ökologisch besonders wertvoll ist. Als das Projekt bereits zum Scheitern verurteilt schien, fand sich schließlich im Lingenbachtal ein Gelände, das seit jeher landwirtschaftlich genutzt wurde.
Nach seiner Eröffnung an Pfingsten 1998 entwickelte sich das LVR-Freilichtmuseum rasch zu einem beliebten Ausflugsziel in der Region. Kinder und Erwachsene können hier eine spannende Zeitreise unternehmen und bei zahlreichen Mitmachaktionen zum Beispiel alte Arbeitstechniken ausprobieren. Entstanden ist kein Freizeitpark, aber ein Freilichtmuseum mit Freizeitspaß.

Fulminanter Start der neuen Währung

Die Kreissparkasse Köln gibt „Euro-Starter-Kits“ aus

2001

Als in der Nacht zum 17. Dezember 2001 auch in Deutschland das Euro-Zeitalter begann, war die Kreissparkasse Köln das erste Kreditinstitut in Nordrhein-Westfalen und eines der ersten bundesweit, das bereits ab Mitternacht sogenannte Euro-Starter-Kits ausgab.
In der Kassenhalle am Kölner Neumarkt herrschte in jener Nacht eine Art Silvesterstimmung: Rund 1500 Gäste aus Politik, Sport und Unterhaltung feierten eine rauschende „Euro-Nacht", die der WDR live im Fernsehen übertrug. Mehr als eine Million Fernsehzuschauer verfolgten gespannt die Erstausgabe der Euro-Münzen. Nach diversen Showeinlagen, Interviews mit Prominenten und einem Euro-Quiz, das die damalige NRW-Europaministerin Hannelore Kraft gewann, war es so weit: Um Punkt null Uhr wurde der Tresor mit den Starter-Kits geöffnet. Der Vorstandschef der Kreissparkasse Köln, Hans-Peter Krämer, überreichte dem nordrhein-westfälischen Ministerpräsidenten Wolfgang Clement das erste Plastiksäckchen mit 20 neuen Münzen im Wert von 10,23 Euro. Danach gab es kein Halten mehr: Die Menschen standen massenweise an den Ausgabeschaltern. Innerhalb von wenigen Minuten verkauften die Angestellten 5000 Plastiksäckchen, die auch als Weihnachtsgeschenke sehr begehrt waren.
Offiziell wurde das Bargeld am 1. Januar 2002 eingeführt. Die Umstellung war nicht nur für die Kreissparkasse Köln ein Kraftakt: Geldautomaten mussten neu befüllt und Wirtschaftsbranchen wie der Einzelhandel oder die Gastronomie kurzfristig mit der neuen Währung versorgt werden. Nach und nach erhielten in den zwölf Staaten, die damals zum Euroraum zählten, 320 Millionen Menschen das neue Bargeld. Es sollte jedoch noch einige Zeit dauern, bis sich alle an die neuen Münzen und Scheine gewöhnt hatten.

Dienstreise im Schneckentempo

Umzug des Schaufelradbaggers 288 nach Garzweiler

2001

Es war ein Großereignis, das Zehntausende Schaulustige in den Bann schlug: Im Februar 2001 wurde der Schaufelradbagger 288 vom Tagebau Hambach in den rund 22 Kilometer entfernten Tagebau Garzweiler verlegt. „Die langsamste Dienstreise der Welt" – so der *Spiegel* – dauerte drei Wochen, weil der Koloss nur maximal zehn Meter pro Minute vorwärts kam.

Mit einer Länge von mehr als 200 Metern, einer Breite von fast 50 Metern und einer Höhe von fast 100 Metern ist Schaufelradbagger 288 eines der größten Landfahrzeuge der Welt. Seinem Umzug gingen umfangreiche Vorbereitungen voraus: So wurden landwirtschaftliche Flächen mit einer Folie abgedeckt, um darauf Kiesstraßen anzulegen. An Straßen, Bahnlinien und der Autobahn errichtete man Rampen, die Erft wurde zugeschüttet und durch Rohre umgeleitet. Auch Hochspannungsleitungen mussten abgebaut werden. Dennoch war die Reise des Schaufelradbaggers billiger, als ihn komplett zu zerlegen und am neuen Standort wieder aufzubauen.

Parallel dazu war ein kleiner Bruder des Baggers in der Gegenrichtung unterwegs: Schaufelradbagger 259 wurde vom nahezu ausgekohlten Tagebau Bergheim nach Hambach verlegt. Einen Höhepunkt erreichte das Spektakel in der Nacht zum 18. Februar, als es an der A61 zu einem „Rendezvous der Giganten" kam: Zwischen Bedburg und Bergheim überquerten die beiden Bagger die gesperrte Autobahn, auf der sich Tausende Menschen versammelt hatten.

Es war nicht der letzte Umzug dieser Art: Bei einem ähnlichen Transport im Jahr 2004 war der Tagebaubetreiber RWE Power besser auf den Publikumsandrang vorbereitet: Die Zuschauer wurden kostenlos mit Bussen auf die Autobahn gefahren, um die Überquerung fast hautnah verfolgen zu können.

Ene Besuch em Zoo

Eröffnung des Elefantenparks in Köln

2004

Als einer der ältesten deutschen Tierparks hat der Kölner Zoo eine lange Tradition der Elefantenhaltung. Im Jahr 1864 zog hier der erste Dickhäuter ein. Es sollte jedoch mehr als 140 Jahre dauern, bis in Köln erstmals ein Elefant zur Welt kam. Entsprechend groß war die Begeisterung über die Geburt von Marlar am 30. März 2006. Die kleine Elefantenkuh wurde schnell zum Publikumsliebling: Als sie drei Wochen später zum ersten Mal das Elefantenhaus verließ und das Freigelände erkundete, konnten Interessierte in aller Welt dies per Webcam verfolgen.
Die Wirkung der Bilder aus Köln beruhte nicht zuletzt auf dem besonderen räumlich-landschaftlichen Ambiente, das sie zeigten: Denn Marlar und die gesamte Herde leben im sogenannten Elefantenpark, einem naturnah gestalteten Gelände, das am 19. September 2004 eröffnet wurde. Mit seinen 20.000 Quadratmetern ist es das größte Elefantengehege nördlich der Alpen und nimmt etwa ein Zehntel des Kölner Zoos ein. Bei der Planung der neuen Anlage berücksichtigte man die neuesten Erkenntnisse der Elefantenhaltung. Die Tiere sollten nicht wie früher in kleinen Gruppen gehalten werden, sondern wie in der Natur in ihrer Herde leben können. Im Außengehege verzichtete man auf die üblichen Absperrgitter und Trockenbecken. Stattdessen sorgen Wasserbecken und künstliche Felsen für eine Trennung von Besuchern und Tieren. Außerdem wurde ein Bereich für Bullen eingerichtet, um die Nachzucht zu gewährleisten.
Der Kölner Elefantenpark setzte in der Zooarchitektur neue Maßstäbe. Dass er auch dem Wohlbefinden der Tiere dient, beweist die Tatsache, dass dort seither zwölf Elefanten geboren wurden. Auch Marlar ist inzwischen Mutter: Sie brachte im März 2017 mit Moma ihr erstes Jungtier auf die Welt.

Dadamax kehrt heim

In Brühl wird das Max Ernst Museum eröffnet

2005

Nicht gerade einfach war die Beziehung zwischen der Stadt Brühl und ihrem berühmtesten Sohn Max Ernst (1891 – 1976). Als man ihm 1966 die Ehrenbürgerschaft antrug, lehnte der Künstler dies ab. Grund war ein ungelöster Konflikt nach einer Ausstellung seiner Werke in Brühl im Jahr 1951.

Große Teile seines künstlerischen Erbes kehrten jedoch in seine Heimatstadt zurück. Um sie angemessen präsentieren zu können, wurde im September 2005 im ehemaligen „Brühler Pavillon" unweit von Schloss Augustusburg das Max Ernst Museum eröffnet. Die dreiflügelige klassizistische Anlage aus dem 19. Jahrhundert, die um einen zentralen Glaspavillon und ein „schwebendes" Eingangsplateau erweitert wurde, war einst ein beliebtes Ausflugslokal, das auch Max Ernst in seiner Jugend gern besuchte.

Das vom Landschaftsverband Rheinland getragene Museum präsentiert rund 70 Schaffensjahre des Künstlers – von seinen Kölner Anfängen als „Dadamax" über seine surrealistischen Arbeiten bis zu seinem Spätwerk. Zur Sammlung zählen insbesondere Dauerleihgaben der Kreissparkasse Köln, darunter fast das gesamte grafische Werk von Max Ernst sowie mehr als 70 Skulpturen.

Ein Höhepunkt der Ausstellung sind die sogenannten D-Paintings: 36 Geburtstags- und Liebesgaben an seine Frau Dorothea Tanning. Wenige Monate vor der Museumseröffnung hatte die damals 95-jährige Witwe der Kreissparkasse Köln angeboten, die Werke zu kaufen. Die Offerte hätte nicht passender kommen können.

Das anhaltend große Publikumsinteresse ist nicht zuletzt der engagierten Arbeit des kleinen Brühler Museumsteams zu verdanken und einem musealen Konzept, das vielfältige Annäherungen an das Werk von Max Ernst ermöglicht.

Mega-Event Weltjugendtag

Der Papst besucht Köln

2005

Es war ein Großereignis, wie es das Rheinland selten zuvor erlebt hatte: der Weltjugendtag im August 2005, an dem Hunderttausende Jugendliche und Papstbegeisterte aus aller Welt teilnahmen. Die Entscheidung, das internationale katholische Jugendtreffen in Köln abzuhalten, hatte noch Papst Johannes Paul II. getroffen. Er starb jedoch am 2. April 2005, nur wenige Monate vor dem Weltjugendtag. Für seinen Nachfolger Benedikt XVI. war der viertägige Besuch in Köln die erste offizielle Auslandsreise als neues Oberhaupt der römisch-katholischen Kirche.

Bereits bei seiner Ankunft am Flughafen Köln/Bonn feierten zahlreiche Jugendliche den deutschen Papst mit La-Ola-Wellen und „Be-ne-detto"-Sprechchören. Anschließend hielt Benedikt XVI. von einem Rheinschiff aus eine Ansprache und fuhr mit dem Papamobil durch die Innenstadt. Der enorme Besucherandrang stellte für die Kölner Behörden, die Verkehrsbetriebe und die lokalen Organisatoren eine große Herausforderung dar. In der Stadt herrschte Ausnahmezustand. Der Verkehr kam zeitweise völlig zum Erliegen.

Der Papst wuchs während des Mega-Events zusehends in seine Rolle als neuer Medienstar hinein. Er nahm repräsentative Aufgaben wahr, bevor er am Wochenende als Höhepunkt des Weltjugendtags zwei Gottesdienste leitete. Sie fanden auf dem 260 Hektar großen Marienfeld statt, einer rekultivierten Tagebaufläche zwischen Frechen und Kerpen, die im Vorfeld aufwendig vorbereitet worden war. Man hatte dort unter anderem einen zehn Meter hohen Papsthügel aufgeschüttet. Zur Vigil-Feier auf dem Marienfeld am Samstagabend kamen etwa 800.000 Menschen. Viele übernachteten auch dort, um sich einen Platz für die Abschlussmesse am Sonntag zu sichern, an der mehr als eine Million Gläubige teilnahmen.

Symbole ewiger Treue

An der Kölner Hohenzollernbrücke tauchen „Liebesschlösser“ auf

2008

Im Spätsommer 2008 waren sie plötzlich da. Zunächst nur einige wenige, dann Hunderte, dann unzählige: Vorhängeschlösser, die auf der Kölner Hohenzollernbrücke an einem Gitter entlang des südlichen Fuß- und Radwegs befestigt waren. Wer dies für ein vorübergehendes Phänomen hielt, wurde bald eines Besseren belehrt. Im Jahr 2011 wurde ihre Zahl bereits auf 40.000 geschätzt, 2015 auf 500.000, mittlerweile könnten es mehr als eine Million sein. Längst hängen auch am Nordgitter und anderen Teilen der Brücke Schlösser.

In Köln etablierte sich damit ein Brauch, der seinen Ursprung wohl in Italien hat: Verliebte befestigen an der Brücke ein Schloss mit ihren eingravierten Namen oder Initialen und werfen den Schlüssel dann in den Fluss, um zu bekunden, dass ihre Liebe unauflöslich sei. An der Hohenzollernbrücke erreichte das Anbringen dieser „Liebesschlösser" allerdings Dimensionen, die andernorts unbekannt waren. Es gab Bedenken, die Brücke könne die zusätzliche tonnenschwere Last nicht verkraften. Die Deutsche Bahn gab zwar Entwarnung, was die Statik betraf, kündigte 2018 jedoch an, die Schlösser zu entfernen, um den Korrosionsschutz des Gitters erneuern zu können. Später ruderte sie zurück und verschob das Vorhaben auf unbestimmte Zeit.

Dass die Hohenzollernbrücke zu einem touristischen Anziehungspunkt und mentalen Ankerpunkt der Region wurde, ist auch auf die Höhner zurückzuführen, die den neuen Brauch 2009 in ihrem Lied „Schenk mir dein Herz" aufgriffen. Darin heißt es: „Wir schließen unser Schloss am Brückengitter an, und es ist dort nicht allein, gemeinsam werfen wir den Schlüssel in den Rhein hinein." Und wenn die Treue doch nicht ewig ist? Dann gibt es ja immer noch einen Zweitschlüssel, so die Höhner augenzwinkernd.

Bahnübergang der Superlative

Fertigstellung des Driescher Kreisels in Bergisch Gladbach

2008

Eisenbahnfreunde bekamen glänzende Augen, als 2008 der Driescher Kreisel in Bergisch Gladbach seiner Bestimmung übergeben wurde. Der großdimensionierte Kreisverkehr, durch den ein Industriegleis läuft, gilt als Deutschlands größter Bahnübergang. Mit seinen 14 Schranken, acht Lautsprechern und 23 Ampeln ist er für Autofahrer, Radfahrer und Fußgänger eine interessante Herausforderung.
Das verkehrstechnische Bauwerk, das wegen seiner vielen blinkenden Lichter auch „Kirmes-Kreisel" genannt wird, wurde notwendig, weil die große Kreuzung, die sich zuvor an dieser Stelle befand, nicht gesetzeskonform war. Nach den Bestimmungen der „Eisenbahnkreuzungs-Verordnung" mussten Schranken, Ampeln und Lautsprecher her, um für alle Verkehrsteilnehmer die notwendige Sicherheit zu gewährleisten, wenn Güterzüge die Kreuzung querten, die das Kraftwerk der Papierfabrik Zanders mit Kohle versorgten.
Bei der Planung des Kreisels, der 330.000 Euro kostete, ging man davon aus, dass dies viermal täglich der Fall sein würde. Tatsächlich gab es in den ersten Jahren jedoch viel weniger Zugquerungen, und diese fanden zumeist zu verkehrsarmen Zeiten morgens und abends statt. Ab 2014 ging die Zahl der Zugfahrten erheblich zurück und tendierte ab 2018 praktisch gegen null, weil die Energieversorgung des Unternehmens von Kohle auf Gas umgestellt wurde.
Die fast 200-jährige Geschichte der Firma Zanders endete 2021. Heute halten Bahnfreunde am Driescher Kreisel vergeblich nach Zügen Ausschau. Die aufwendige, ursprünglich als Eingangstor der Stadt Bergisch Gladbach gedachte Anlage mit ihren vielen Sicherungselementen ist jedoch geblieben – gleichsam als stille Reserve für Zeiten, in denen vielleicht wieder ein Gleisanschluss benötigt wird.

Malerische Kleinode

Start des Festivals „Bunte Kirchen im Bergischen Land“

20 09

Im späten Mittelalter dienten Wandmalereien in Kirchen als „stumme Predigt" für die Bevölkerung, die kaum lesen und schreiben konnte. Das gesprochene Wort des Pfarrers wurde damit um ein wichtiges visuelles Element ergänzt. In der Zeit der Reformation übertünchte man diese Fresken in vielen Gegenden Deutschlands, im Oberbergischen blieben sie jedoch in fünf Kirchen teilweise erhalten oder wurden dank bemerkenswerter Initiativen zu Beginn des 20. Jahrhunderts wieder freigelegt. Zu finden sind diese „Bunten Kirchen" in Lieberhausen, Marienberghausen, Marienhagen, Müllenbach und Wiedenest. In diesen kleinen, massiven und gedrungenen Kirchen tragen die Wand- und Deckenmalereien zu einer intensiven Atmosphäre der Andacht und Erbauung bei, die sich in kirchlichen Großbauten kaum finden lässt. Um diese Orte der Spiritualität und des intensiven kulturellen Erlebens über das Oberbergische hinaus bekannt zu machen, veranstalteten die Thomas-Morus-Akademie, der Oberbergische Kreis und die fünf evangelischen Kirchengemeinden 2009 erstmals das Festival „Bunte Kirchen im Bergischen Land". Dabei wurden kunsthistorische, theologische und historische Vorträge zu den Kirchen und ihrer Ausmalung durch ein passendes Musikprogramm ergänzt.

2014 erhielt das Festival „Bunte Kirchen" den David-Preis, den die Sparkassen-Finanzgruppe an kleine Projekte mit großer Wirkung vergibt. Tatsächlich trug die Veranstaltungsreihe, die 2017 zum letzten Mal stattfand, entscheidend dazu bei, die malerischen Kleinode im Bergischen Land einer breiteren Öffentlichkeit vorzustellen. Wer in der Gegend von Gummersbach unterwegs ist, sollte nicht versäumen, diese ganz besonderen Kirchen aufzusuchen.

Avantgardist im Briefkopf

Kürten darf sich „Stockhausen-Gemeinde“ nennen

2010

„Bayreuth war auch mal ein Dorf", soll Karlheinz Stockhausen (1928 – 2007) einst geäußert haben, als er auf Kürten angesprochen wurde. Der Komponist, dem es nicht an Selbstbewusstsein mangelte, schien da bereits zu ahnen, dass sich der kleine bergische Ort, in dem er viele Jahrzehnte lebte, nach seinem Tod „Stockhausen-Gemeinde" nennen würde – analog zur „Wagnerstadt" Bayreuth. Nachdem Kürten den Musiker bereits zu Lebenszeiten zum Ehrenbürger ernannt hatte, beschloss der Gemeinderat im Dezember 2010 tatsächlich, den Namen des Orts zu ergänzen. Der Zusatz „Stockhausen-Gemeinde" ziert seither den Briefkopf amtlicher Schreiben.
Geboren 1928 im linksrheinischen Mödrath, entwickelte sich der Künstler ab den frühen 1950er-Jahren zu einem radikalen und innovativen Komponisten, der vor allem mit elektronischer Musik weltweit auf sich aufmerksam machte. Der Avantgardist traf zwar nicht den musikalischen Geschmack eines breiten Publikums, doch war der Name Stockhausen selbst musikalischen Laien so bekannt, dass es auch außerhalb Kürtens nicht an Bemühungen fehlte, den Komponisten zu vereinnahmen, um das kommunale Profil zu stärken – nicht zuletzt in Köln, wo er an der Musikhochschule unterrichtet hatte.
Karlheinz Stockhausen, der einigen als Genie, anderen als Scharlatan gilt, schuf mehr als 280 musikalische Werke, deren Uraufführung er meist selbst dirigierte.
Er inspirierte die Beatles, die ihn auf dem Cover ihres berühmten Albums „Sgt. Pepper" abbildeten, und die deutsche Band Kraftwerk. In Kürten initiierte der Weltbürger, der sich stets zu seiner rheinisch-bergischen Heimat bekannte, die „Stockhausen-Konzerte und -Kurse", die bis heute dafür sorgen, dass Musikerinnen und Musiker aus der ganzen Welt den Ort besuchen.

Ende nach fast tausend Jahren

Die Abtei Siegburg wird aufgelöst

2011

Sie ist immer noch eine unübersehbare Landmarke – die Abtei Siegburg hoch oben auf dem Michaelsberg. Doch insbesondere die Menschen in der gleichnamigen Kreisstadt spüren, dass die historischen Gebäude ihre einstige Bedeutung als spiritueller Ort verloren haben. Denn nach fast tausend Jahren ihres Bestehens und vielen Jahrhunderten klösterlichen Lebens wurde die Abtei 2011 aufgelöst. Das Benediktinerkloster war im Jahr 1064 vom Kölner Erzbischof Anno II. gegründet worden. Nach der Säkularisation durch Napoleon im 19. Jahrhundert nutzte man die Gebäude anderweitig, bevor die Benediktiner Anfang des 20. Jahrhunderts zurückkehrten.

Als touristisches Ziel war die Abtei zwar nie so populär wie etwa die Klöster Maria Laach oder Ettal, der von den Mönchen hergestellte Siegburger Abtei-Liqueur war jedoch auch überregional bekannt. Im Mai 2010 trat zunächst der Abt des Klosters zurück. Kurz darauf schlossen die Benediktinermönche ihr Hotel-Restaurant „Abtei-Stuben" und die klösterliche Buch- und Kunsthandlung aus wirtschaftlichen Gründen. Ende 2010 gaben sie bekannt, die Abtei werde aufgelöst. Am 19. Juni 2011 endete die benediktinische Tradition in Siegburg mit einem feierlichen Gottesdienst.

Der Konvent begründete die Auflösung mit wirtschaftlichen Defiziten und personellen Problemen. Offenbar gab es in der Gemeinschaft der zwölf Mönche einen Generationenkonflikt. Auch war es nicht gelungen, die Abtei durch Mönche aus anderen Benediktinerklöstern zu verstärken. Inzwischen nutzt das Katholisch-Soziale Institut des Erzbistums Köln die Klostergebäude, die zu einer Tagungsstätte umgebaut wurden. In das ehemalige Gästehaus der Abtei zogen 2013 sechs indische Mönche des Ordens der Unbeschuhten Karmeliten ein.

Ausblick auf Gegenwart und Zukunft

In Elsdorf wird das Forum Terra Nova eröffnet

2012

Es ist zweifellos ein Hingucker – das vom Architekten Dirk Lüderwaldt entworfene Forum Terra Nova in Elsdorf, das unmittelbar am nordöstlichen Rand des Tagebaus Hambach liegt. Auffällig ist vor allem die Fassadengestaltung des Gebäudes: Sie besteht aus schichtweise eingefülltem, farbigem Beton, der zusätzlich noch gefräst wurde, und erinnert damit an die unterschiedlich gefärbten Erdschichten und Flöze, die beim Abbau der Braunkohle zutage treten.
Finanziert von der RWE Power AG, dient das 2012 fertiggestellte Forum als Begegnungs- und Informationsstätte zum Tagebau. Eine Ausstellung im Besucherzentrum widmet sich der Geschichte, Gegenwart und Zukunft der „Energieregion" Rhein-Erft-Kreis. Fernrohrartige Fenster bieten fokussierte Ausblicke auf die Tagebaulandschaft. Ein wesentlicher Anziehungspunkt ist die Gastronomie mit ihrer großen Außenterrasse. Von dort führt ein Steg zum Aussichtspunkt an der Abbruchkante.
Die unmittelbare Umgebung des Forums Terra Nova wird sich in den kommenden Jahren stark verändern. Die Abbruchkante des Tagebaus verschiebt sich immer weiter, bevor die Landschaft dann rekultiviert werden soll. In 80 Jahren werde man dort vielleicht den Sonnenuntergang über einem großen See erleben können, sagte Dirk Lüderwaldt im Sommer 2012.
Mögliche Bergschäden hat der Architekt bei der Planung des Gebäudes bereits berücksichtigt: Es steht nicht auf einem massivem Fundament, sondern auf 14 Einzelfundamenten. Diese lassen sich hydraulisch einzeln nachjustieren, sollte es infolge der Tagebauaktivitäten zu Bodensetzungen kommen. Auf die künftige Seenlandschaft weisen schon jetzt künstliche Dünen hin, die rings um das Forum Terra Nova aufgeschüttet wurden.

Das gab's doch schon einmal

Die Kreissparkasse Köln setzt „Mobile Filialen" ein

2013

Für die älteren Menschen in der Region war es ein Déjà-vu-Erlebnis: Als die Kreissparkasse Köln im Herbst 2013 sogenannte Mobile Filialen einführte, erinnerte sich manch einer an die „Fahrbaren Zweigstellen", die in den 1960er-Jahren zeitweilig im Einsatz gewesen waren. Die Unterschiede waren allerdings groß – schon rein optisch: Während 50 Jahre zuvor beigefarbene, schwerfällig anmutende Magirus-Busse die Dörfer angesteuert hatten, waren die neuen Spezialfahrzeuge wendig und knallrot. Mit modernster Technik ausgestattet, boten die neuen Mobilen Filialen nahezu denselben Service wie eine kleine Geschäftsstelle.

Unterschiedlich waren auch die Gründe für das mobile Angebot. In den 1960er-Jahren war die „Sparkasse auf Rädern" ein Provisorium, dem in vielen Fällen eine stationäre Filiale folgte. Ein halbes Jahrhundert später lohnten sich Geschäftsstellen in ländlichen und dünn besiedelten Gegenden hingegen nicht mehr. Weil insbesondere jüngere Generationen vorwiegend digitale Angebote nutzten, wurden viele Zweigstellen geschlossen. Um jedoch weiterhin dem Auftrag einer flächendeckenden Versorgung gerecht zu werden, besann sich die Kreissparkasse Köln auf Mobile Filialen und verstärkte damit sogar ihre Präsenz im Geschäftsgebiet. Die roten Busse halten nicht nur in Gemeinden, in denen Filialen geschlossen wurden, sondern auch in Ortschaften, in denen es zuvor gar keine gab.

Heute bedienen sechs Fahrzeuge insgesamt 45 Haltepunkte in der Region. Kunden können ein- bis zweimal pro Woche jeweils eine Stunde lang Geldgeschäfte des täglichen Bedarfs erledigen. Bei weitergehenden Anliegen nehmen die Mobilen Filialen Beratungs- und Terminwünsche entgegen und leiten sie an die entsprechenden Kundenberater weiter.

Aufstieg in die erste Liga

„Bornheimer Spargel" wird geschützte Herkunftsbezeichnung

2014

Schon vor 2000 Jahren war die Gegend um Bornheim der Obst- und Gemüsegarten der römischen Siedlungen Köln und Bonn. Vermutlich waren es auch die Römer, die den Spargel an den Rhein brachten. Sowohl das Klima als auch die sandigen Lössböden in der Region waren ideal für den Anbau des Edelgemüses und verliehen ihm seinen unverkennbaren kräftigen und würzigen Geschmack.
Lange galt Spargel als ein Luxusgut, doch ab den 1970er-Jahren wurde er von breiteren Bevölkerungsschichten entdeckt. Seither stieg die Zahl der Betriebe, die sich auf den Spargelanbau spezialisierten, deutlich an. Die Spargelbauern verstanden sich schon früh darauf, ihr Produkt als lokales oder regionales Erzeugnis mit hohem Qualitätsanspruch zu vermarkten. In Nordrhein-Westfalen war das niederrheinische Spargeldorf Walbeck Vorreiter: Der auf Wochenmärkten und in Restaurants wohlbekannte „Walbecker Spargel" erhielt 2013 das EU-Gütesiegel „geschützte geografische Angabe" (g.g.A.). Seit 2014 kann sich auch der „Bornheimer Spargel" mit dieser Auszeichnung schmücken – nur was in der Region zwischen Wesseling und Bonn angebaut wurde, darf als Bornheimer Spargel verkauft werden. Er spielt damit in der ersten Liga europäischer Nahrungs- und Genussmittel und steht – ebenso wie Kölsch und Aachener Printen – auf einer Schutzstufe mit Produkten wie Parmesankäse, Parmaschinken oder Champagner.
Die Anerkennung durch die EU ist insbesondere den intensiven Bemühungen der Schutzgemeinschaft Bornheimer Spargel zu verdanken. Zwölf Spargelbetriebe hatten den Verein 2005 gegründet, um den Schutz ihres Produkts als traditionelles Agrarerzeugnis und regionaltypische Spezialität zu erreichen.

Einfach weggebrochen

Flutkatastrophe in Erftstadt

2021

Mitte Juli 2021 führten starke Regenfälle zu katastrophalen Überschwemmungen entlang mehrerer Flüsse in Nordrhein-Westfalen und Rheinland-Pfalz. Die Fluten zerstörten Straßen, Brücken und Häuser. Mehr als 180 Menschen kamen ums Leben. Der Sachschaden ging in die Milliarden.

Neben Orten entlang der Ahr und in der Eifel war Erftstadt besonders stark betroffen. Eine Luftaufnahme des Stadtteils Blessem wurde zum Symbol der Katastrophe und gelangte sogar auf die Titelseite der *New York Times:* Sie zeigt einen riesigen Krater am Ortsrand. Nachdem die Erft eine nahegelegene Kiesgrube geflutet hatte, war es dort zu einem gewaltigen Erdrutsch gekommen. Mehrere Häuser wurden weggerissen. Wie durch ein Wunder gab es keine Todesopfer. Die Menschen, deren Häuser direkt an der Abbruchkante standen, mussten jedoch befürchten, dass der Boden weiter abrutschen könnte.

Die Flutkatastrophe löste eine große Welle der Hilfsbereitschaft aus. Doch bis alle Schäden in Erftstadt beseitigt sind, wird es noch viele Jahre dauern. Auch Fragen von Schuld und Verantwortung sind noch nicht abschließend geklärt. Der Deutsche Wetterdienst hatte rechtzeitig vor Starkregen von der Eifel bis zum Bergischen Land gewarnt und eine Karte veröffentlicht, auf der die Gebiete verzeichnet waren, die voraussichtlich am schwersten betroffen sein würden. Im Zentrum dieser Karte lag Erftstadt.

Ein Untersuchungsausschuss des nordrhein-westfälischen Landtags beschäftigte sich mit politischen Versäumnissen. Die Kölner Staatsanwaltschaft leitete wegen des Einsturzes der Kiesgrube Ermittlungen gegen den Eigentümer und den Betreiber des Tagebaus sowie gegen Vertreter der zuständigen Genehmigungs- und Aufsichtsbehörde ein. Der Betrieb der Kiesgrube wurde eingestellt.

In Wort und Tat

Solidarität mit der Ukraine

20
22

Der Kölner Karneval war 2022 vom Schock über Russlands Angriff auf die Ukraine geprägt. Als russische Truppen einen Tag vor Weiberfastnacht in das Nachbarland einfielen, reagierte das Festkomitee Kölner Karneval umgehend und lud für den Rosenmontag zu einer großen Friedensdemonstration durch die Innenstadt ein. Die Resonanz war überwältigend: Rund 250.000 Menschen solidarisierten sich an diesem denkwürdigen 28. Februar 2022 mit der Ukraine. Sie zogen stundenlang durch die Stadt und brachten ihren Protest gegen den Krieg mit selbst gebastelten Botschaften und symbolträchtigen Kostümen zum Ausdruck.
„Die Kölner und der Karneval haben heute gezeigt, dass alle zusammenstehen, wenn es darauf ankommt", stellte der Präsident des Festkomitees, Christoph Kuckelkorn, abschließend fest. Der bunte Protest am Rosenmontag war die größte Demonstration in der Geschichte der Stadt.
In Köln und der gesamten Region drängte es viele Menschen schon bald, nicht nur verbal Position zu beziehen, sondern den Opfern des Krieges auch unmittelbar zu helfen. Ähnlich wie im Jahr zuvor, als die Flutkatastrophe gezeigt hatte, wie wertvoll praktisch gelebte Solidarität ist, erfuhren viele Flüchtlinge aus der Ukraine – meist Frauen mit Kindern – konkrete Unterstützung. Mit großem ehrenamtlichem Engagement wurden Spendenaufrufe gestartet, Hilfsgüter transportiert, Geflüchtete aufgenommen und Kinder schulisch betreut.
In einer Zeit, die bereits durch außerordentliche Herausforderungen wie die Corona-Pandemie und wirtschaftliche Belastungen gekennzeichnet war, stellten die Menschen in der Region erneut unter Beweis, dass sie Empathie für Notleidende empfinden und tatkräftige Hilfe leisten können.

STOP WAR

FRIEDEN

Reitergruppe
Kölsche Funke rut-wieß
1823 e.V.
MAKE
FASTELOVEND
OT WAR

Bildnachweis

© Bildarchiv Foto Marburg / Foto: Tobias Vollmer: 110; © Landesarchiv NRW – Abteilung Rheinland: 43 (RWB 02300 Nr. 0020), 44–45 (RWB 02300 Nr. 0001, Ausschnitt); © Mabit1 / Wikimedia Commons / CC BY-SA 4.0: 46, 61; © Michael Wittassek / Rheinisch-Bergischer Kreis; Impressionen aus der Ausstellung „Fernste Nähe" im Rahmen des XIV. FORUM OSTWEST 2021 im Kunstmuseum Villa Zanders. Gezeigt wurden Arbeiten von Ulrike Oeter und Michael Wittassek: 134; © Rheinisches Bildarchiv Köln: 20 (rba_606312), 81 (rba_d036997), 31 unten (Karl Hugo Schmölz, rba_711576), 40 (Werner Mantz, rba_d031692), 41 (Werner Mantz, oben: rba_d050443, Mitte: rba_d050330, unten: rba_d050327); © Roland Breitschuh: 98; © Tohma / Wikimedia Commons / CC BY-SA 4.0: 75; © www.walter-dick-archiv.de: 76, 77, 80; akg-images / euroluftbild.de: 50; akg-images / Rainer Hackenberg: 25, 147–148, 154 unten; Archiv der Kreissparkasse Köln: 10, 52, 53, 66, 150, 176, 177; BBWA Holzmann-Bildarchiv / HDB: 30, 31 oben; Bildarchiv Monheim: 64–65, 111, 112, 113, 114, 122, 172; bpk: 42; Bundesregierung, B 145 Bild-00445422 / Fotograf: Rolf Unterberg: 97; Dutch National Archives, Public domain 1.0: 88, 89; Nina Gschlößl: 186, 188, 189; Historisches Archiv des Erzbistums Köln: 18 (oben: 103465, unten: 103547); Franz-Josef Knöchel, Landschaftsverband Rheinland / CC BY 4.0: 39; Manfred Linke / laif: 116; picture alliance: 182 rechts; picture alliance / akg-images | akg-images: 169; picture alliance / Arcaid | Rainer Mader / Archenova: 156; picture alliance / ASSOCIATED PRESS | PHIL WILLIAMS: 142; picture alliance / ASSOCIATED PRESS: 79; picture alliance / blickwinkel / H. Blossey | H. Blossey: 144; picture alliance / blickwinkel / S. Ziese | S. Ziese: 174 unten; picture alliance / brandstaetter images / Franz Hubmann: 60; picture alliance / dpa / dpaweb | Patrick Hertzog: 160–161; picture alliance / dpa | David Young: 182 links, 184–185; picture alliance / dpa | EPU: 105; picture alliance / dpa | Federico Gambarini: 84 links; picture alliance / dpa | Federico Gambarini: 22; picture alliance / dpa | Henning Kaiser: 154 oben; picture alliance / dpa | Horst Ossinger: 90; picture alliance / dpa | Marius Becker: 33–34; picture alliance / dpa | Martin Reich: 153; picture alliance / dpa | Michael Jung: 138–139; picture alliance / dpa | Oliver Berg: 27, 120, 136; picture alliance / dpa | Roland Scheidemann: 103, 152; picture alliance / dpa | Wilhelm Leuschner: 102; picture alliance / dpa | Wöstmann: 133; picture alliance / dpa: 48, 49 oben, 82, 83; picture alliance / Geisler-Fotopress | Robert Schmiegelt / Geisler-Fotopr: 85; picture alliance / imageBROKER | J. Moebes: 174 oben; picture alliance / imageBROKER | Marschall, H.: 157 oben; picture alliance / Jochen Tack | Jochen Tack: 183; picture alliance / phototthek | Thomas Imo: 151; picture alliance / Pressefoto Baumann | R4032: 106–107; picture alliance / Pressefoto ULMER | ULMER: 158; picture alliance / Rainer Hackenberg | Rainer Hackenberg: 157 unten; picture alliance / Ulrich Baumgarten | Ulrich Baumgarten: 162, 163, 179–180; picture alliance / United Archives | Siegfried Pilz: 54; picture alliance / United Archives | United Archives / ZIK Images: 132; picture alliance / UPI | UPI: 78; picture alliance / ZB / euroluftbild.de | euroluftbild.de / Daniel Reiter: 118; picture alliance / ZB / euroluftbild.de | euroluftbild.de / Klaus Göhring: 69–70; picture alliance / Zoonar | Dr. Lange: 24; picture alliance / Zoonar | Stefan Ziese: 84 rechts, 130, 131; Schokoladenmuseum Köln: 141 oben; Stadtarchiv Bergisch Gladbach: 164; Symphonie-Orchesters des Oberbergischen Kreises e. V.: 92; Thomas-Morus-Akademie, Foto: Hans-Georg Schruhl: 166; ullstein bild – ullstein bild: 36; WDR mediagroup GmbH: 94, 95; www.grevenarchivdigital.de | Kölner Fotoarchiv: 117; www.grevenarchivdigital.de | Kölnische Rundschau: 28, 38, 49 unten, 55, 57, 58, 62, 72, 100, 108, 123, 124, 127–128, 140, 141 unten, 170; www.grevenarchivdigital.de | Andreas Fragel: 86–87; www.grevenarchivdigital.de | Stadtarchiv Erftstadt: 26, 74

Dank

Der Autor dankt dem Vorstand der Kreissparkasse Köln für die Anregung zu diesem Buch, das sich als Geschenk der Sparkasse an ihren Träger und die von ihm repräsentierte Region begreift. Hervorgehoben sei auch die organisatorische Unterstützung der Kreissparkasse Köln, die zum Gelingen des Buchs beigetragen hat. Dem Greven Verlag Köln gebührt großer Dank für die engagierte verlegerische Betreuung.

Lektorat: Wera Reusch, Köln
Bildredaktion: Aiko Wolter, Erftstadt
Gestaltung und Satz: Thomas Neuhaus, Billerbeck
Gesetzt aus der ITC Officina Sans LT
Lithografie: prepress, Köln
Papier: 150 g/m² Magno Volume
Druck und Bindung: Passavia, Passau

ISBN 978-3-7743-0953-1

Detaillierte Informationen über alle unsere Bücher finden Sie unter

www.greven-verlag.de